# 国際ビジネス法務

〔第3版〕

貿易取引から英文契約書まで

NY州弁護士
吉川達夫 編著

第一法規

# はじめに

　2013年，国際ビジネス法務と貿易取引について，実務の流れと関連する書類，契約書や法律を理解できる一冊として，新たに国際法務を担当する法務部員や貿易，国際営業を行う方に対して学べるように作り上げたのが「国際ビジネス法務」である。法務部だけでなく，国際営業，海外駐在員，大学教育で使用されるよう初級－中級向国際ビジネスにおけるルールや契約書についての身近な参考書となるように作成した。実際，私が担当している大学等のテキストとして一貫して本書を使用してきた。

　日本の総合商社法務部に16年間，米国外資系企業5社における日本やアジアの法務責任者として20年以上法務業務に携わってきた。今振り返ると，国際法務に初めて携わったときの緊張感と恐怖感を今なお忘れられない。当初，色々な本で知識を増やそうとしたがなかなか思うようにすすまず苦労したものである。現代は過去と異なり，インターネットで良質な情報を取得することもできるが，ワンストップで体系的に理解するには書籍が一番であると思っている。本書によって少しでも体系的な学習ができればと考えている。

　第一法規から2018年に第2版を刊行したが，国際ビジネスを取り巻く状況は加速度的に変化している。第2版出版から6年が経過し，今般第3版の出版を快諾していただいた。本プロジェクトに参画していただいた著者全ての方並びに第一法規の皆様には心から感謝するものである。

2024年9月

編者代表　吉　川　達　夫

# 目次

はじめに　iii

# 第Ⅰ部　国際ビジネス法務

## 第1章　国際ビジネス法務の心得 ── 2
1.1　国際取引におけるリスク　2
1.2　国際取引の交渉と契約書　5
　1.2.1　標準約款　5
　1.2.2　Term Sheet の活用　5
1.3　弁護士の起用　6
　1.3.1　弁護士報酬　7
　1.3.2　弁護士の効率的な起用方法　8
1.4　電子署名による電子契約　9
　Column　10
　国際法務アラカルト

## 第2章　準拠法と紛争解決手段 ── 12
2.1　国際取引紛争　12
2.2　準拠法　13
　2.2.1　国際私法　13
　2.2.2　当事者自治の原則（通則法7条）　13
　2.2.3　当事者による準拠法の選択がない場合（通則法8条1項）　14
　2.2.4　当事者による準拠法の選択がない場合
　　　　　〜最密接関係地法の推定（通則法8条2項及び3項）　14
　2.2.5　当事者自治の例外　15
　2.2.6　実務担当者としての準拠法選択における留意点　18
2.3　紛争解決手段　19
　2.3.1　紛争解決手段総論　19
　2.3.2　国際民事訴訟　20
　2.3.3　国際商事仲裁　22
　2.3.4　国際商事調停　27

## 第3章　国際知的財産紛争 ── 29
3.1　『黒船』の到来　29
3.2　国際化する知財紛争　31
　3.2.1　中国での商標「青森」の登録　31
　3.2.2　発展途上国と医薬特許　31
　3.2.3　ヤマハの商標　31
3.3　知的財産に関する基礎知識　32
　3.3.1　貿易と知的財産　32
　3.3.2　知的財産の保護対象　32
3.4　紛争の予防　37
　3.4.1　輸入時の知的財産のウォッチ　37

*iv*

3.4.2　輸出時の知的財産のウォッチ　40
　3.5　紛争とその対応　40
　　3.5.1　ABC社による事前検討　40
　　3.5.2　ABC社から警告レターの発送　43
　　3.5.3　警告レターを受けたXYZ社の検討事項　44
　3.6　おわりに　47

## 第4章　アジア・中近東ビジネスの法務 ———————————— 48
　4.1　アジアビジネスと法務　48
　　4.1.1　アジアビジネスにおける法務の重要ポイント概論　48
　　4.1.2　中国ビジネス法務の注意点　50
　　4.1.3　シンガポールビジネス法務の注意点　52
　　4.1.4　タイビジネス法務の注意点　54
　4.2　中近東ビジネスと法務　56
　　4.2.1　はじめに　56
　　4.2.2　中東独特の法体系「シャリーア」の特徴とビジネスに与える影響　56
　　4.2.3　中東におけるビジネス・モデルと注意点　58
　　4.2.4　おわりに　61

## 第5章　国際ビジネス法務と労務 ———————————————— 62
　　　　──海外出向など──
　5.1　海外赴任で発生する労務問題への対応　62
　　5.1.1　海外赴任先でのトラブルに巻き込まれないために　62
　　5.1.2　海外赴任者の労務管理をどのように行うか　63
　5.2　海外赴任に関する制度設計　63
　　5.2.1　海外赴任に関する規程を作成するにあたって検討すべき事項　63
　　5.2.2　運用にあたっての注意点　67
　5.3　海外赴任者の給与について　69
　　5.3.1　海外赴任者の給与の決定方法　69
　　5.3.2　海外赴任者の給与を決定・変更する際の注意点　72
　5.4　海外赴任に関するその他の問題について　74
　　5.4.1　企業の安全配慮義務について　74
　　5.4.2　海外赴任者の過重労働・メンタルヘルス問題への対処について　74
　　5.4.3　人事・労務に関する文書作成・翻訳について　74

# 第Ⅱ部　貿易実務

## 第1章　輸出入の流れと法規制 ——————————————— 84
　1.1　はじめに　84
　1.2　取引の対象となる製品，商品について「よく」知る　84
　1.3　輸出入の現場を見る　85
　1.4　輸出入に関わる主な法規制　87
　　1.4.1　安全保障貿易管理　87
　　1.4.2　そのほかの輸出入管理　88

*v*

目次

## 第2章 輸出入で実際に使用される船積書類とサンプル ——— 92
2.1 はじめに 92
 2.1.1 船荷証券（B/L；Bill of Lading） 92
 2.1.2 インボイス（Invoice） 96
 2.1.3 梱包明細書（Packing List） 96
 2.1.4 原産地証明書（Certificate of Origin） 97
 2.1.5 保険証券（Insurance Policy） 97
 2.1.6 検査証明書（Certificate of Inspection, Inspection Certificate） 97
 2.1.7 船積書類の準備における各種の認証制度について 98

## 第3章 海外与信管理と信用状 ——— 100
3.1 海外の取引先与信調査等の重要性 100
3.2 支払方法の1つとしての信用状（L/C；Letter of Credit） 101
3.3 信用状のさまざまな条件 102
3.4 ディスクレ（ディスクレパンシー：Discrepancy） 107
 3.4.1 アメンド（Amendment） 107
 3.4.2 ケーブルネゴ（Cable Nego） 108
 3.4.3 保証状（L/G；Letter of Guarantee）の差入れ 108
 3.4.4 代金取立て（Bill of Collection） 108
3.5 信用状以外の支払リスクヘッジのさまざまな手法 109
 3.5.1 支払保証状（ボンド：Payment Guarantee Bond） 109
 3.5.2 貿易保険やファクタリング，フォーフェイティングによる支払に関するリスクヘッジ 113

## 第4章 Sales Note（T's & C's）——— 115
売買契約
4.1 ウィーン動産売買条約 115
4.2 インコタームズ®（Incoterms®；International Commerce Terms） 116
4.3 売買契約（Sales Note）の一般的な条件 119
 4.3.1 標準フォームの使用 119
 4.3.2 製品，品質条件 126
 4.3.3 契約金額 127
 4.3.4 支払 129
 4.3.5 検査 131
 4.3.6 船積／引渡 132
 4.3.7 予定損害賠償 135
 4.3.8 瑕疵担保保証 136
 4.3.9 保証範囲 137
 4.3.10 性能保証 141
 4.3.11 知的財産権 142
 4.3.12 税金 145
 4.3.13 保険 145
 4.3.14 保証状 147
 4.3.15 不可抗力 151
 4.3.16 契約違反，契約解除および解除後の措置 153
 4.3.17 準拠法 154
 4.3.18 紛争解決 154

4.3.19 一般条項　155

# 第Ⅲ部　英文モデル契約書

## 序章　はじめに — 160

- 0.1　Battle of Forms　160
- 0.2　1つの取引における複数の契約書　160
- 0.3　契約書とフォント　161
- 0.4　契約書と使用言語　161
- 0.5　国際契約と印紙　162
- 0.6　サイナー　162
- 0.7　正本数　162
- 0.8　原本とデジタルサイン　162
- 0.9　専門家起用　163
- 0.10　ウィーン動産売買条約（CISG）　163
- 0.11　約因（consideration）　163
- 0.12　will と shall　163

## 第1章　Distributor Agreement — 164
販売代理店契約

- 1.1　Distributor Agreement とは　164
- 1.2　契約にあたっての検討事項　164
  - 1.2.1　PかAか？　164
- 1.3　英文モデル契約書の解説　167

## 第2章　Service Agreement — 175
役務提供契約／業務委託契約

- 2.1　Service Agreement とは　175
- 2.2　契約にあたっての検討事項　175
  - 2.2.1　検査合格条件　175
  - 2.2.2　成果物や納品物の著作権　175
  - 2.2.3　法律遵守，第三者の知的財産権　176
  - 2.2.4　対価　176
- 2.3　英文モデル契約書の重要条文の解説　176

## 第3章　Non-Disclosure Agreement（Confidentiality Agreement） — 182
守秘義務契約

- 3.1　Non-Disclosure Agreement（Confidentiality Agreement）とは　182
- 3.2　守秘義務契約条項の検討　183
  - 3.2.1　守秘義務条項　183
  - 3.2.2　秘密情報　183
  - 3.2.3　目的外使用の禁止　185
  - 3.2.4　関係者への開示　185
  - 3.2.5　情報の返還　186
  - 3.2.6　契約の有効期間　186

目 次

   3.2.7　黙示の合意の不存在　187
   3.2.8　情報に言及されている第三者への接触禁止　187
   3.2.9　情報の正確性に関する表明保証の不存在　187
  3.3　守秘義務契約の例　188
 Column　196
  英文契約の「解読」に際して

## 第4章　Memorandum of Understanding ─ 198
### 意向書／覚書
  4.1　Memorandum of Understanding（MOU）とは　198
  4.2　契約にあたっての検討事項　198
   4.2.1　MOUの必要性　198
   4.2.2　法的拘束力　199
   4.2.3　独占交渉権　199
  4.3　英文モデル契約書重要事項の解説　199

## 第5章　Joint Venture Agreement ─ 204
### 合弁契約
  5.1　Joint Venture Agreementとは　204
  5.2　契約検討事項　205
   5.2.1　設立国における許可　205
   5.2.2　会社法　205
   5.2.3　資金負担　205
   5.2.4　現物出資（contribution in kind）　205
   5.2.5　出資比率と経営機関　206
   5.2.6　株式先買権（preemptive right）　207
   5.2.7　ポイズンピル（poison pill）　207
   5.2.8　当事者の役割　207
   5.2.9　解除　207
   5.2.10　準拠法，仲裁，裁判地　208
  5.3　英文モデル契約書の解説　208

## 第6章　Termination Agreement ─ 219
### 解除契約
  6.1　Termination Agreementとは　219
  6.2　契約にあたっての検討事項　219
   6.2.1　「将来に向けて」という文言　219
   6.2.2　解除の日付　220
   6.2.3　政府許可　220
   6.2.4　契約解除が制限される場合　220
   6.2.5　契約解除に伴う違約金の有無，債権債務がないことの確認　220
  6.3　英文モデル契約書の解説　220

## 第7章　Settlement Agreement ─ 226
### 和解契約

7.1　Settlement Agreement とは　226
7.2　契約にあたっての検討事項　227
7.3　英文モデル契約書の解説　227

著者略歴

# 第Ⅰ部 国際ビジネス法務

# 第1章
# 国際ビジネス法務の心得

## 1.1 国際取引におけるリスク

　米国の会社から電池を毎月10万個，12ヵ月分購入の引合いがあった。電池の規格は標準規格で，引渡は国内顧客と同様で工場での車上渡し，代金は引渡月末締め翌月末現金払い，単価は国内顧客向けと同レベルであった。したがって，契約条件は国内顧客に販売するものとほぼ同じとなった。

　一見国内向け販売と何ら違いがないように見えるが，国内取引と輸出取引のリスクの違いは何か？

　輸出取引においては，国内における一般的な商取引のリスクに加えて，相手先が海外にいること，また商品も輸出され海外で使用されることから，それらに関するリスクがある。

　相手先に関する情報が限定される。交渉を開始したときの調査では業績が順調であっても，引渡時には倒産しているかもしれないが，その情報は入りにくい。工場での車上渡条件では，商品を完成させてもトラックが来ないリスクがある。商品を引き取っても，支払期日に代金を払われないリスクもある。原材料が日本では使用可能でも相手国では使用が禁止され，輸入できない場合もある。欠陥を理由に相手先や使用者等が外国で訴訟を起こしてくるかもしれない。

　代金を支払ってこない場合には，電話で催促する，相手先の事務所工場に行って催促する，それでも支払わない場合は訴訟を起こす等の手段が考えられるが，相手先が海外にいる場合は，催促しても返事が来ないかもしれない。返事がないからといって相手先の事務所工場に行くのは大変である。相手先が無視を続ける場合には訴訟を起こすことになるが，どこで裁判を起こしたらよいのか？　どの

弁護士を起用するか？　費用はどれだけか？　勝訴しても回収できるのか？

このように，国際取引には国内取引にはないリスクがある。また，同じようなリスクであっても，国内とはレベルが異なる場合もある。

リスクと対策を検討するには，国際取引における商品と金の流れ，貿易実務およびルールを知る必要がある。そしてそれぞれの過程におけるリスクを分析し，そのリスクを最小限とする手段を講じることになる。

先に述べた輸出取引のリスクとその対策について検討してみる。

引取りに来ないリスクへは，相手先の協力がなくても引渡を完了できる条件とすることである。例えば，引渡条件を国際貿易基準である国際商業会議所（ICC；International Chamber of Commerce）が定めたインコタームズ（Incoterms®2020）のCIF（cost, insurance and freight；運賃・保険料込条件）やCFR（cost and freight；運賃込条件）といった条件にすれば，相手先の協力がなくても商品を自ら手配した船に積み込むことにより引渡を完了することができる。

次に，代金が支払われないリスクは，信用力のある第三者の支払保証で軽減できる。さらに軽減するには，その支払保証を原材料の発注や商品製造の開始の前に入手しておくことである。例えば，決済手段を銀行発行の信用状（Letter of Credit）とし，信用状の受領期限を対象商品の製造開始（原材料発注）前とする。引渡条件がCIFかCFRであり，信用状を受領していれば，商品を自ら手配した船に積み込むことにより，信用状で代金全額を受領することができる。FOB（Free on Board；本船渡）の引渡条件では引渡を自己完結できないので，信用状でも代金回収のリスクが残る。さらに，支払条件を対象商品の製造開始（原材料発注）前までの前払条件にすれば代金回収リスクはない。

商品クレームの発生リスクを軽減する方策を検討する。1つは，商品の規格を明確に取り決め，規格に合致していることのみを一定期間保証し，それ以外は一切保証しないことである。また保証の適用除外条件も明確に規定しておく。これらにより規格どおりの商品を納入することでリスクを軽減することができる。

加えて，疑義が生じそうな事項については可能な限り契約書に詳細に取り決めておくとともに，契約の解釈に関する準拠法を取り決め，また紛争が生じた場合の解決手段を合意しておくことである。国内取引と異なり，相手先が海外の場合には，共通の商習慣がなく，さらに地域によって商習慣が異なることから，一方

*3*

が当然と思っていたことについて，相手先が全く異なる認識を持ち，その結果紛争が発生することも多い。このような誤解を防ぐためには，契約書に可能な限り詳細な条件を取り決めておくことが有用である。

上記の対策を契約書に盛り込むこととなるが，国際契約が日本語で作成されることは少なく，多くは英語で作成される。したがって，英文契約書を作成し，または相手先作成の契約書案を検討することになるが，そのためには，法律英語と契約用語を習得しておくことと，ある程度の外国法の知識が必要である。

法律英語を習得するためには，解説書でひたすら勉強するしかない。しかし，一般的な辞書では用例の最後に法律的な意味の説明がわずかにある程度なので，法律用語辞典が不可欠である。さらに英語を母国語とする英国と米国の間でもその用語および用法に違いがあるものがあるので，法律用語辞典も英国と米国のものをそれぞれ用意しておくことが望ましい。また，契約用語の習得には数多くの（できればよくできた）契約書を読むことに尽きる。

国際契約において準拠法の規定は不可欠であるが、合意に至らず規定できない場合がある。こういう場合に限って契約紛争が生じることが多く，準拠法の決定を行わなければならない。そのためには準拠法が規定されていない場合にどこの法律が適用されることになるのかのルールを理解しておくことが必要である。

さらに、国際動産売買契約であればウィーン売買条約（CISG-United Nations Convention on Contracts for the International Sale of Goods）が同条約の加盟国に属する当事者間では当然に適用されることから，同条約の適用を排除するにはどうするか，といった基本的な知識を理解しておかねばならない。因みに日本は同条約の加盟国である。

また実際の国際取引においては予想外の事件が発生することがある。例えば，クレーム処理のために出張したところ，現地で逮捕されたことがあった。南米の会社から水産物を輸入したが，品質上の問題があったので代金支払を保留し，担当者が問題解決のために相手先の所在国に出張したところ，飛行場の入国管理所で警察に逮捕され，留置場に入れられた。逮捕理由は詐欺罪であった。現地の弁護士を起用して即時釈放を図ったが，被害届を理由に警察は釈放を拒絶し，相手先は代金の即時全額払いなしには被害届を取り下げないと主張したことから，結局代金全額を支払い，被害届を取り下げてもらい，やっと担当者を釈放すること

ができた。

取引先の調査不足に加え，カントリーリスクの認識不足も反省材料であった。国際取引においては同じことが起こる可能性がある。トラブルがあるときに相手先の国に出張する場合には，そのようなリスクを十分検討しておくべきである。

## 1.2 国際取引の交渉と契約書

### 1.2.1 標準約款

相手先から商品購入の引合いがあり，商品の数量，単価等の基本的な売買条件に合意が達した後，相手先から裏面に契約条件がびっしりと印刷された注文書や印刷された取引条件が送付されることがある。相手先は，売買の標準約款であり，取引先すべてと同様の条件で取引しているので了解してほしいといってくる。これにはどう対応すべきか。

契約締結を急いでいるからといって，また相手先が標準約款と説明しているからといって，安易に受諾してはならない。標準約款とは相手先のいう標準であって，当方に有利な条件であるはずがない。むしろ，相手側に有利な条件を散りばめているので，当然すべての取引先が受諾しているはずもなく，また業界で一般的に採用されている条件であるはずもない。そもそも，取引条件に一般的とか標準とかは存在しないのである。なぜなら，取引の条件は，商品の需給状況，当事者の経営・財務状況，当事者間の力関係等により千差万別だからである。

したがって，相手先が提示してきた標準約款については十分に検討し，不利な条件，特に耐えがたい条件については修正を要求すべきである。

### 1.2.2 Term Sheet の活用

一回限り（スポット取引）の売買や秘密保持等の単純な契約ではなく，継続的売買，代理店，ライセンス，業務提携等の継続的あるいは複雑な取引を目的とする契約の場合には，まず Term Sheet と呼ばれる契約条件の骨子のみの提案書を相手先に提示し，骨子の交渉から開始するのが効率的である。交渉の初期段階から契約書の雛型あるいは過去の類似契約を提示したり，あるいは相手先が提示し

てくることもあるが，初めから契約書の交渉に入ると文言の是非に議論が偏り，全体としての善し悪しが見えなくなって些細な事項で交渉が停滞することがある。

　ある程度の中間的合意に至ったとき，その中間的合意事項を確認するためにLetter of Intent（LOI）やMemorandum of Understanding（MOU）等を締結する場合もある。

　Term Sheetにて大まかな合意に達した場合，次に契約書案の作成となる。このとき，契約書案作成の主導権はできるだけ自ら握るべきである。契約書の作成が面倒だからとか，弁護士費用がかかるからといって相手先に委ねるべきではない。契約書案の作成は契約交渉の主導権を握ることである。自ら契約書案を作成して相手先に提示した場合には，その修正について相手先が修正案を提示しその理由を説明することとなり，細かな箇所については目をつぶってくれることが期待されるが，相手先から契約書案が提供された場合には，立場が逆転する。結果としてどちらが優位かは説明するまでもない。

## 1.3　弁護士の起用

　日本の弁護士は，司法試験に合格し司法研修を受けた法律の専門家であるが，その誰もが依頼者の必要とする法務サービスを提供してくれるとは限らない。したがって，必要なサービスを提供してくれる弁護士を探さねばならないが，容易ではない。医者の場合は，病院での手術件数や評判等が判断の参考になるかもしれないが，弁護士は世間の魑魅魍魎とした争いや紛争の処理に成果を挙げているものの，その成果が公表されることは極めてまれである。また，成功事例に弁護士が深く関与していたとしても，その関与の内容は公開されないので，それらにより弁護士の力量を判断することも難しい。

　したがって，弁護士を選択するには，知人，友人，取引先等の紹介を仰ぐこととなる。そして紹介された候補者から絞り込むには，依頼者の事業および必要とする法務サービスを弁護士に理解してもらうとともに，依頼者が弁護士の性格や業務実績等を分析し，一緒にやっていけるかどうかを判断することになる。

　海外の会社から商品購入の引合いがあり，契約を締結する場合で，国際取引の経験が少ないときの，手っ取り早い相談相手は弁護士である。国際取引の経験が

豊富な弁護士が身近にいれば最善であるが，いない場合には普段から相談している弁護士に相談する方法がある。その弁護士が国際取引の経験が豊富な弁護士を紹介してくれるはずである。ただし，あらゆる国際取引に通じた弁護士は存在しない。国が違えば，相手先の国特有のビジネス慣習があり，また法律がある。それらのすべてに精通することは不可能であることは理解しておかねばならない。

国際取引の経験が少ない場合，依頼者が海外の弁護士を直接起用することは難しい。また，海外の弁護士は日本の弁護士以上に一見の客を歓迎しないようである。仕事の依頼を引き受けてくれる場合でも，相当の金銭の預託を要求されることがある。しかし信頼関係がないままに金銭を預託して弁護士が業務を始めた場合，有効な法務サービスを得られないままに預託金が使いきられる可能性もある。したがって，普段から相談している弁護士や会計士等のツテを使って海外の弁護士にコンタクトすることが望ましい。

そして，弁護士が依頼する業務を始める前に，法務サービスを必要とする業務の範囲およびスケジュールを綿密に打ち合わせるとともに，途中でどの程度の業務を遂行し，またそれにどの程度の弁護士報酬が発生しているかを調査し，期待した業務が順調に遂行されているかを確認することを勧める。特に海外の弁護士を起用する場合には重要である。

### 1.3.1 弁護士報酬

国際取引を担当する弁護士の場合，一般に報酬は当該案件に使用した時間当たりの単価で請求される。使用した時間には，電話や会議で面談した時間だけでなく，送付した資料を検討した時間や判例等を調査した時間も含まれる。

したがって，新たに業務を依頼する場合，依頼する業務範囲および内容を説明して，事前に見積りをとることがある。ただし，見積額の範囲で済む可能性は小さいことを覚悟すべきで，見積額に達する可能性が出てきた場合には連絡してもらい，その後発生が予想される業務を相互に確認して再見積りをとることがある。報酬の打切上限額を設定する場合もないわけではないが，その実効性は薄い。上限に達したからといって，その後弁護士が無償で働いてくれることはない。

日本では着手金と成功報酬の組合せもあるが，海外では着手金・成功報酬条件は一般的ではないようである。

### 1.3.2 弁護士の効率的な起用方法

　弁護士報酬は高い。しかし，法律の専門家である弁護士の支援は，リスクを最小限に留めて利益の最大化を図るためには不可欠である。報酬の高い弁護士を効率的に活用するかは依頼者の手腕による。

　一般に米国の弁護士は日本の弁護士と比べてサービス精神は旺盛である。深夜や休日の作業も厭わない。事務所の会議室の利用も熱心に勧めてくれる。また食事には喜んで付き合ってくれるし，レストランの手配，タクシーや飛行機の予約までやってくれる。ただし，これに甘んじてはいけない。食事しても仕事に関係すれば時間単位で弁護士報酬を請求してくるし，また会議室の使用料や法律事務所手配のタクシーや旅行代理店の費用もプレミアムつきで後日請求される。弁護士は無償では働かないと認識すべきである。

　弁護士を効果的に起用するには，依頼する業務の範囲と内容を明確にし，弁護士に依頼者が期待している法務サービスの成果をしっかり理解してもらうことである。

　そのためには取引内容を十分に精査し，依頼者自身が取引の概要，リスクの分析と対応策，相手先との妥協点等をある程度設定し，それらの諸条件を弁護士に提示したうえで，助言を求める方法が考えられる。依頼者側に問題意識がなく，契約書案を渡して「問題点はないか？」と依頼すれば，弁護士の稼ぎどころになってしまう。弁護士は当該取引に関連するいろいろな判例を調査し，「このような問題が内在しており，このような判例もあればあのような判例もある。一般的にはこの判例に従って考えるのが妥当であるが，事情によっては反対の結論となる可能性も否定できない」というような，何をいいたいのか理解に苦しむような意見書が提出されることもあるが，後日それに要した時間すべての報酬が請求され，依頼者は請求書の金額に驚くことになる。

　国際取引を行う限り，弁護士の支援は有益であるが，満足できる成果を得るためには，相互理解を深め，信頼関係を構築することが重要であると考えている。

## 1.4 電子署名による電子契約

　国際契約の締結に電子署名の利用を要求されることが増えているので、先ず日本における電子署名法、e-文書法（「民間事業者等が行う書面の保存等における情報通信の技術の利用に関する法律」と「民間事業者等が行う書面の保存等における情報通信の技術の利用に関する法律の施行に伴う関係法律の整備等に関する法律」の総称）、電子帳簿保存法など電子署名及び電子契約に関連する法令の要件を理解して、電子署名及び電子契約の仕組み、ルールや実務を熟知しておく必要がある。

　また電子署名の利用にあたっては、電子契約サービス業者（サービスプロバイダー）を起用することになるので当該サービス業者との契約についても積極的にレビューしておくことが肝要である。

## 国際法務アラカルト

【米国式契約と英国式契約】

　英文契約書といってもその様式は多種多様であるが，米国弁護士と英国弁護士が作成する契約書には違いが見られる。

　これまでの経験では米国式は，誰が誰に対してどのような義務を負うかについて，主語と述語と目的語がシンプルであり，日本人には理解しやすいが，英国式は，目的語が主語となったり，「誰が」という部分が省略して規定されていたり，またコンマを極力入れないものもあり，理解するには慣れが必要である。英国人弁護士によれば，英国式は契約書に品格があるとのことである。どちらの方式を採用するかは「好み」の問題であり，一方が他方より優れているとはいえないが，個人的には米国式が好きである。

　他方，英語を常用語としない外国人の作成する英文契約書は，米国式や英国式より簡素な場合もあるが，準拠法がその国の法律であれば，現地弁護士が作成した契約書の様式を尊重したい。

【契約書で使用する用語の定義】

　英文契約書において使用される用語の定義は大切である。文化の異なる当事者間の理解の違いを避けるためには，契約書で使用する用語についてしっかり定義しておく必要がある。

　定義した用語については，契約書の冒頭にまとめて規定する場合，別紙にまとめて規定する場合，あるいは定義が必要な場合に応じて契約書の各条で定義する場合があるが，いずれの方法が適当かは，定義される用語の数等を考慮して検討すればよい。

　また，契約書の各所で用語を定義する場合，定義している用語を再度定義したり，定義した用語を別の意味で使用したりしないように注意する必要がある。条文の移動などがあったときには特に注意を要する。

【契約書の署名権限】
　日本では代表取締役が会社を代表するので，代表取締役の記名押印があれば，取締役会の専決事項に相当する重要な契約でない限り，契約書の署名権限についての疑義は生じない。ところが，外国には，韓国等のごく一部を除き，代表取締役という機関が存在しない。それでは誰が会社を代表できる権限を有しているのだろうか。
　それを調べるには，まず相手先の会社の定款を調べ，次に相手方の国の会社法を調査することになる。
　一方，重要な契約の締結にあたっては，署名権限の付与を決議した取締役会の決議証明を提出させる場合があり，また相手先からも同様の決議証明を要求されることがある。これは定款や会社法を調査するより，会社業務の決定機関である取締役会の決議証明があれば，会社にその署名権限を否認させない証拠として使用することを意図しているものと思われる。
　この場合，日本では誰がその決議証明書に署名するかが問題となる。英米の会社には，会社法が設置を要求する Secretary（日本の秘書とは全く異なる）という役職者がおり，かかる証明書にはこの役職者が署名することになるが，日本ではそれに相当する役職者が存在しない。したがって，実務的には，総務部長，法務部長あるいは代表取締役の署名で対応しているようである。

# 第2章

# 準拠法と紛争解決手段

## 2.1 国際取引紛争

　国際取引には，国内取引にはない様々なリスク（あるいは，国内取引と比較してリスクの程度が高いもの）がある。

　まず，取引当事者が複数の国にまたがっており，それぞれが前提とする商取引慣行，文化・社会的・経済的・法的基盤，そして言語が異なること等により，国内取引と比べると取引当事者間の相互理解が十分ではないことが多い。また，地理的要因，時差，その他共通の人的基盤が存在しにくい等の理由により，国内取引と比較して，当事者間の接点が希薄になりがちで信頼関係を築くのが困難であることも多い。さらに，物品の輸送を伴う場合の運送中の品物が滅失・損傷するリスクや輸出入に対する規制のほか，政府による干渉や戦争・テロなどの不測の事態が起きるリスクもある。ひとたび紛争になった場合に，国内取引の場合と比べて最終的な解決までに時間も手間もかかるという点も指摘できるであろう。

　国際取引を行うにあたっては，これらのリスクを常に心がけ，十分な対策を講じておく必要がある。

　実際の国際取引における将来の紛争への備えとしては，（契約書をきちんと作り込んでおくことが特に重要であることは言うまでもないが）当該取引に係る契約の解釈においてどこの国・地域の法律を適用するかという準拠法の問題と，いずれの国・地域におけるいずれの紛争解決手続を選択するかという手続選択の問題が重要であるため，以下，これらについて簡単に述べる。

## 2.2 準拠法

### 2.2.1 国際私法

　国際取引紛争の当事者が所属する国の法律や制度が異なる場合には，紛争解決の際に拠って立つべきルールを最初に決める必要がある。日本において従前これを規定していたのが「法例」(明治31年法律第10号) であり，それを全面的に改正して平成19年1月1日に施行されたのが「法の適用に関する通則法」(平成18年法律第78号。以下「通則法」という) である。

　通則法では，7条から12条にかけて，取引に関する法律行為の準拠法について規定している。以下その概要を述べる。

### 2.2.2 当事者自治の原則 (通則法7条)

> (当事者による準拠法の選択)
> 通則法7条
> 　法律行為の成立及び効力は，当事者が当該法律行為の当時に選択した地の法による。

　通則法7条では，法律行為の成立及び効力に関する準拠法選択についての当事者自治の原則について規定している。契約関係は契約自由の原則に基づいていることから，その契約の解釈に際して適用されるべき法律の選択にも当事者の自由な意思を及ぼすことが望ましいためである。

　この規定に関して，当事者の選択が明示されておらず黙示の合意のみがある場合にどうするかという問題がある。最高裁判所は，本条と同趣旨の規定であった法例7条1項に関し，当事者の準拠法選択は黙示的なものでも足りると判断している[1]。通則法では黙示の合意に関する特段の規定がなく，単に「選択」という文言を用いていることから，かかる判例の考え方は通則法の下でも維持され，黙示の合意も認められるものと考えられる。

　当事者間では，予測可能性を確保し，法的安定性を図るという観点から，契約

---

1) 最判昭和53年4月20日，民集32巻3号616頁。

締結時に準拠法を明示的に指定しておくべきである。

### 2.2.3 当事者による準拠法の選択がない場合（通則法8条1項）

(当事者による準拠法の選択がない場合)
通則法8条
1 前条の規定による選択がないときは，法律行為の成立及び効力は，当該法律行為の当時において当該法律行為に最も密接な関係がある地の法による。

通則法8条では，準拠法に関する当事者の選択がなされていない場合には，法律行為の最密接関係地の法律を準拠法とする旨規定している。

最密接関係地は，当事者の意思的要素や法律行為後の事情を含むあらゆる事情，具体的には，契約当事者の国籍・住所等，契約締結地，契約の目的物の所在地，契約上の義務履行地，同一当事者間での過去の取引における準拠法等を含むあらゆる要素を考慮して，当事者の合理的な期待に合致するかどうかという観点から決定される。

### 2.2.4 当事者による準拠法の選択がない場合〜最密接関係地法の推定（通則法8条2項及び3項）

通則法8条
2 前項の場合において，法律行為において特徴的な給付を当事者の一方のみが行うものであるときは，その給付を行う当事者の常居所地法（その当事者が当該法律行為に関係する事業所を有する場合にあっては当該事業所の所在地の法，その当事者が当該法律行為に関係する2以上の事業所で法を異にする地に所在するものを有する場合にあってはその主たる事業所の所在地の法）を当該法律行為に最も密接な関係がある地の法と推定する。
3 第1項の場合において，不動産を目的物とする法律行為については，前項の規定にかかわらず，その不動産の所在地法を当該法律行為に最も密接な関係がある地の法と推定する。

8条2項及び3項は，1項を補完する形で，最密接関係地法の推定について規定している。ここで規定されている「特徴的な給付」の判断基準は明確にされて

いないが，例えば，双務契約においては，金銭債務の反対給付である，物やサービスの給付が特徴的給付に該当すると考えられている。双務契約において，当事者の一方が何らかの金銭的債務を負うことは極めて一般的であり，かかる金銭的債務が当該双務契約を特徴付けるケースはそれほど多くないと考えられる一方で，反対給付である物やサービスの給付は取引ごとに多様であり，その内容が当該契約を特徴付けるケースが多いと一般的に考えられるためである。一方，片務契約においては，一般的に，唯一の義務を負う者の給付が特徴的給付となる。但し，金銭消費貸借契約における貸主の資金貸付行為のように，契約上の債務ではない給付が特徴的給付と考えられるケースもある。交換契約や，いずれの給付が特徴的か不明な場合には，一方当事者が特徴的給付を行うケースには該当しないと考えて，1項に戻り，最密接関係地法を検討することになる。

また，3項では，不動産を目的物とする法律行為（具体的には不動産の売買や賃貸借等）では，不動産所在地法を最密接関係地法と推定するとしている。

### 2.2.5 当事者自治の例外

(1) 当事者自治による場合の不都合性

前記のとおり，法律行為の成立及び効力に関する準拠法の決定においては，当事者自治によることが原則であるが，かかる原則によるばかりでは不都合が生じる。そのため，弱者保護や社会秩序の維持という観点から，一定の契約類型については，当事者自治を後退させる必要がある。法例では，当事者自治の原則の例外を設けていなかったが，通則法では，消費者契約の特例（通則法11条）及び労働契約の特例（同法12条）が設けられている。なお，通則法では，これらとは別に，不法行為関係の特例として，生産物責任の特例（同法18条），名誉・信用の毀損の特例（同法19条）についても規定しているが，これらは，本書のテーマからやや外れるため，割愛した。

(2) 消費者契約の特例（通則法11条）

（消費者契約の特例）
通則法11条

1 消費者（個人（事業として又は事業のために契約の当事者となる場合におけるものを除く。）をいう。以下この条において同じ。）と事業者（法人その他の社団又は財団及び事業として又は事業のために契約の当事者となる場合における個人をいう。以下この条において同じ。）との間で締結される契約（労働契約を除く。以下この条において「消費者契約」という。）の成立及び効力について第7条又は第9条の規定による選択又は変更により適用すべき法が消費者の常居所地法以外の法である場合であっても，消費者がその常居所地法中の特定の強行規定を適用すべき旨の意思を事業者に対し表示したときは，当該消費者契約の成立及び効力に関しその強行規定の定める事項については，その強行規定をも適用する。
2 消費者契約の成立及び効力について第7条の規定による選択がないときは，第8条の規定にかかわらず，当該消費者契約の成立及び効力は，消費者の常居所地法による。
3 消費者契約の成立について第7条の規定により消費者の常居所地法以外の法が選択された場合であっても，当該消費者契約の方式について消費者がその常居所地法中の特定の強行規定を適用すべき旨の意思を事業者に対し表示したときは，前条第1項，第2項及び第4項の規定にかかわらず，当該消費者契約の方式に関しその強行規定の定める事項については，専らその強行規定を適用する。
4 消費者契約の成立について第7条の規定により消費者の常居所地法が選択された場合において，当該消費者契約の方式について消費者が専らその常居所地法によるべき旨の意思を事業者に対し表示したときは，前条第2項及び第4項の規定にかかわらず，当該消費者契約の方式は，専ら消費者の常居所地法による。
5 消費者契約の成立について第7条の規定による選択がないときは，前条第1項，第2項及び第4項の規定にかかわらず，当該消費者契約の方式は，消費者の常居所地法による。
6 例外規定（省略）

通則法11条では，準拠法選択に関する当事者自治の原則の例外として，消費者契約に関する特例について規定している。1項は，当事者自治の結果，消費者にとって不利な消費者の常居所地法以外の法律が準拠法として選択された場合であっても，消費者は，自己の常居地所法上の特定の強行規定の適用を主張できるとしている。この規定により，当事者が契約において選択した準拠法に加えて，消費者の常居所地法上の特定の強行規定が重畳的に適用され，当事者が合意した準拠法と，消費者の常居所地法が同一事項について規定している場合には，消費者にとって一般的に有利とされる方の規定が適用される。

2項では，当事者による準拠法の選択がない場合は，消費者の常居所地法が準拠法となる旨を規定している。

3項では，一般的に，消費者保護法等において，契約の「方式」につき厳格な規定が設けられている例が多いことから，当事者が消費者契約の「成立」について消費者の常居所地法以外の法律を選択した場合でも，消費者が，その常居所地法中の特定の強行法規を適用するよう事業者に対して主張したときは，「方式」について，消費者の常居所地法が適用されることとしている。

4項では，消費者契約の「成立」について消費者の常居所地法が選択された場合に，消費者が「方式」についても常居所地法によるべきことを事業者に主張した場合は，「方式」についても消費者の常居所地法が準拠法となるとしている。これは，消費者契約の「成立」について消費者の常居所地法が準拠法として選択された場合であっても，他の規定[2]により契約の「方式」についてはそれ以外の地の法が準拠法となってしまう結論を避けるためである。

5項では，消費者契約の「成立」について準拠法が選択されていない場合には，消費者契約の「方式」は，消費者の常居所地法によるとしている。

(3) 労働契約の特例（通則法12条）

(労働契約の特例)
通則法12条
1　労働契約の成立及び効力について第7条又は第9条の規定による選択又は変更により適用すべき法が当該労働契約に最も密接な関係がある地の法以外の法である場合であっても，労働者が当該労働契約に最も密接な関係がある地の法中の特定の強行規定を適用すべき旨の意思を使用者に対し表示したときは，当該労働契約の成立及び効力に関しその強行規定の定める事項については，その強行規定をも適用する。
2　前項の規定の適用に当たっては，当該労働契約において労務を提供すべき地の法（その労務を提供すべき地を特定することができない場合にあっては，当該労働者を雇い入れた事業所の所在地の法。次項において同じ。）を当該労働契約に最も密接な

...........................................

2) 法を異にする地にある当事者間で締結された契約については，申込みの通知を発した地の法または承諾の通知を発した地の法のいずれかに適合していれば，当該契約の方式は有効になるとされている（通則法10条4項）。

*17*

> 関係がある地の法と推定する。
> 3　労働契約の成立及び効力について第7条の規定による選択がないときは，当該労働契約の成立及び効力については，第8条第2項の規定にかかわらず，当該労働契約において労務を提供すべき地の法を当該労働契約に最も密接な関係がある地の法と推定する。

　通則法12条では，当事者自治の原則に対する労働契約の特例について規定している。これは，労働者と使用者には雇用関係上の立場の差があることから，当事者自治を制限して労働者を保護する趣旨である。

　1項では，労働契約において，当事者が最密接関係地法以外の法を選択した場合であっても，労働者が最密接関係地法上の特定の強行規定を適用するよう使用者に対して主張した場合には，労働契約の成立及び効力に関しその強行規定の定める事項については，その強行規定が適用されるものとした。したがって，消費者契約の特例を定める11条1項と同様，労働契約の最密接関係地法上の特定の強行規定が重畳的に適用され，当事者が合意した準拠法と同一事項について規定している場合には，労働者にとって一般的に有利とされる方の規定が適用されることになる。

　2項では，1項の適用にあたって，労務提供地の法が最密接関係地法と推定され，かつ，その地が特定できない場合には，その労働者を雇い入れた事業所所在地の法が最密接関係地法と推定されると規定している。また，3項では，当事者間に準拠法選択の合意がない場合には労務提供地の法を最密接関係地法と推定する旨規定している。

### 2.2.6　実務担当者としての準拠法選択における留意点

　以上のとおり，通則法では，準拠法選択に関する当事者自治の原則について規定する一方で，当事者の合意がなされていない場合についても規定しているが，国際取引を行う会社の実務担当者としては，準拠法選択の重要性及び予測可能性の観点からは，契約書上で準拠法の合意について明確に規定しておくことは必須である。

　準拠法の選択に際しては，まず，自国の法律を準拠法として選択することを検

討するのが一般的である。内容について理解のある自国法であれば予測可能性があるし，弁護士等の専門家へのアクセスも容易である。逆に，自国以外の国・地域の法律が準拠法となった場合には，内容を理解する手間が生じるだけでなく，不測の結果が生じることもしばしばあるし，また，専門家へのアクセスの問題もある。

しかし，以上のようなメリット・デメリットは相手方当事者にとっても同じであるため，一方当事者の交渉上の立場が格段に強いというような事情がない限り，準拠法の選択においては容易には合意に至らないことが多い。

その場合に検討することになるのは，第三国・地域の法律を準拠法にするという選択肢である。その際は，候補となる各国・地域の法律上のメリット・デメリットのほか，当該取引の場所，性質，予想される紛争の内容（こちらが原告となる可能性と被告になる可能性のどちらがよりあり得るかを含む），言語，地域的要因，弁護士確保の容易性等を検討したうえで選択することになる。例えば，企業側に有利とされる準拠法，ライセンサー側に有利とされる準拠法，消費者保護の規制が厳しく消費者側に有利とされる準拠法などもあるため，専門家に相談するのが望ましい。当該取引と関係がなくても，ニューヨーク州法等比較的一般的で予測可能性を確保できると考えられている法律を準拠法として採用するケースも多い。

さらに，契約交渉の際に，準拠法の条項については譲歩して，実質的な取引条件について相手方の譲歩を引き出すという戦略も当然考えられる。なお，準拠法の選択が大きな論点になり交渉が進まない場合には，あえて合意をしないまま契約の締結に至るということも考えられるが，実務上はあまり見られない。

## 2.3　紛争解決手段

### 2.3.1　紛争解決手段総論

国際取引紛争が生じた場合，当事者は，まず協議による解決を試みる。国内取引の契約と比較すると，当事者のみでの紛争解決について，誠実協議による旨の抽象的規定だけでなく，代表者による一定期間の集中協議等具体的な手続を規定

するケースも多い。

　当事者間の協議で解決できない場合には，第三者を交えた紛争解決手段によることになる。この場合，紛争解決手段についての事前合意がなければ，第三者の判断を求める当事者は，紛争解決のために，管轄が認められると考える裁判所において訴えを提起する。訴訟を提起する当事者は，その裁判所に管轄が認められるか不安を感じながら訴訟を提起することになるし，訴えられる側も，予想外の国・地域での応訴を余儀なくされる可能性がある。このように，紛争解決に関する事前合意がない場合には，紛争解決手続の選択肢が限られるだけでなく，両当事者に不測の不利益が生じることがある。

　したがって，国際取引を行うにあたっては，紛争解決に関する事前の合意をしておくことは必須と考えるべきである。

　以下では，国際取引における主要な紛争解決手段である国際民事訴訟，国際商事仲裁，国際商事調停について，概要を述べる。

### 2.3.2　国際民事訴訟

　国際民事訴訟とは，国際的な民事・商事紛争を特定の国・地域の裁判所における訴訟手続によって解決することをいうが，その際には，日本国内当事者間の紛争を日本の裁判所で解決する場合と異なり，様々な問題が生じる。

　具体的には，当該紛争をいずれの国・地域の裁判所で解決するべきかという国際裁判管轄の問題，相手方当事者への送達の問題，国際的訴訟競合，証拠調べの手続，外国判決の承認・執行などである。本書では，契約締結段階において実務担当者が特に留意すべき事項という観点から，このうちの国際裁判管轄と外国判決の承認・執行について述べる。

#### (1)　国際裁判管轄

　紛争の一方当事者が外国籍の場合，当該紛争がいずれの国・地域の裁判所で解決されるべきかという国際裁判管轄の問題が生じる。国際裁判管轄が重視されるのは，単に地理・言語的な問題だけでなく，訴訟が提起された国・地域のルールに従って訴訟手続が行われるという「手続は法廷地法による」原則が存在するためである。すなわち，手続法に関しては，準拠法選択はなされず，当然に当該裁

判所の所在地の法が適用される。したがって，裁判地の選択は，すなわち手続法の選択をも意味し，当事者にとって非常に大きな意味をもつ。裁判管轄によっては，アメリカの陪審制度やディスカバリー（証拠開示手続）など，日本には存在しない手続による訴訟が行われることもある。

　国際裁判管轄がどのように決定されるかは，国家間の問題であるため，各国法よりも上位のルール（条約）が整備されていることが望ましい。しかし，そうした多国間の条約は，一部の地域を除いて十分整備されておらず，各国がそれぞれの国内法において，国際裁判管轄の範囲を規定しているのが現状である。

　日本の場合，従前は国内法が整備されておらず，最高裁が示した，民事訴訟法上の土地管轄に関する規定上の裁判籍のいずれかが国内にあれば日本の国際裁判管轄を認めるという判断[3]に基本的に依っていたが，2012年4月1日に「民事訴訟法及び民事保全法の一部を改正する法律」が施行され，国際裁判管轄についての新しいルールが適用されている。

(2) 実務担当者としての裁判管轄選択における留意点

　国際民事訴訟においても合意管轄が認められており，一部の条約の規定が適用されるような場合を除き，管轄の合意は原則として有効とされているので，実務担当者としては，予測可能性確保の観点から，契約締結時点において，管轄の合意を契約書に明記しておくべきである[4]。

　その際に検討すべきことは，外国の裁判管轄となった場合のリスクであり，留意すべき点は，準拠法選択の場合に類似する。この場合でも，訴訟の原告と被告のいずれになる可能性が高そうかという点も考慮すべきである（例えば，一般論として，ライセンス契約においては，ライセンサー側がライセンシーに対して訴えを提起する場面が相対的には多いと考えられること等）。アメリカのディスカバリー手続は，被告側にとっては非常に大きな負担であるが，原告側にとっては非常に強力な武器になる。また，後述する外国判決の承認・執行の問題にも留意

--------

3) マレーシア航空事件，最判昭和56年10月16日，民集35巻7号1224頁。

4) なお，かかる合意については書面によらなければならないとされている。民事訴訟法11条2項。

する必要がある。せっかく日本で勝訴判決を勝ち取っても，相手方当事者の資産がある国では執行できないのでは，意味がない。その他，合意管轄を専属とするか非専属とするかも合意しておくことが望ましい。なお，裁判管轄は，準拠法と同一の国・地域であることが望ましいが，個別の事情によってはあえて異ならせるという判断もあり得よう。

(3) 外国判決の承認・執行

外国判決の承認・執行の問題とは，ある国の裁判所で出された判決が，その他の国でも認められ，強制執行できるかという問題である。外国の判決を執行する際には，執行しようとする国において，当該判決の承認を得る必要がある。日本の場合，民事訴訟法118条が外国判決の承認について規定しており，公序良俗に反しないことなど，一定の要件の下に自動的に効力を認め，既判力を与えている。そして，民事執行法24条及び22条6号では，承認を受け執行判決も得たものについては，日本国内において執行力が認められるとされている。

なお，民事訴訟法118条の要件の1つとして相互保証が挙げられているが（同条4号），これは，日本国の裁判が同様の判決を行った場合に，その重要な点において異ならない条件のもとに相手方の国においても効力を有することが認められることをいう。この点に関し，中華人民共和国で出された判決について，日本と中華人民共和国との間に相互保証が認められないことを理由に，承認しなかった裁判例がある[5]。このように，せっかく外国で勝訴判決を勝ち取っても，日本国内で執行することができない（あるいはその逆）というケースがありうるため，裁判管轄を決定する際には，当該国と日本との間で，相互保証が認められているかという観点からの留意も必要となる。

### 2.3.3 国際商事仲裁

(1) 国際商事仲裁とは

仲裁とは，第三者である仲裁人の判断に従うことをあらかじめ合意した当事者間で行われる紛争処理制度である。仲裁では，判決同様，当事者が仲裁人の判断

---

5) 大阪高判平成15年4月9日，判時1841号111頁。

に従わない場合には，その判断の執行を裁判所に求めることができることとされており，裁判と並ぶ強制力をもった紛争解決手段である。

日本では，仲裁の手続については，基本的に平成16年から施行された仲裁法（平成15年法律第138号）に従うものとされている。この仲裁法は，国連の国際商取引委員会（UNCITRAL）による国際商事仲裁モデル規則をベースにしている。国際商事仲裁モデル規則は，各国が商事仲裁について立法する際に依拠できるような国際水準の規則として作成され，日本を含めた多くの国の立法に影響を与えている規則である。日本における国際仲裁機関としては，日本国際商事仲裁協会（JCAA）が存在する。

仲裁の手続を選択するにあたっては，当事者による仲裁の合意があることが大前提である。なお，当事者間に仲裁の合意があるにもかかわらず，一方当事者が訴訟提起を行った場合には，相手方当事者が仲裁の合意の存在を主張すれば，訴訟は却下される。仲裁合意は，当事者間に紛争が発生してからでもなしうるが，通常は，何らかの契約締結段階で合意される。なお，中国においては，紛争解決を仲裁に委ねる旨のいわゆる仲裁の合意だけでは十分な合意があったとは認められず，手続を行うべき仲裁委員会に関しても合意していなければ有効な合意とは認められないため，留意する必要がある[6]。

(2) 国際商事仲裁の手続・メリット
――実務担当者としての紛争解決手段選択における留意点

企業の法務担当者において，紛争解決手続の選択は，国際取引を行ううえで最も頭を悩ませる事項の1つであろう。紛争解決の手段としては，両当事者間の協議によることを前提とし，それ以外にも独自の解決形態（役員同士による協議，両者の信頼する中立的な第三者による調停等）を検討することもあると思われるが，一般的には，国際民事訴訟と国際商事仲裁のいずれかを選択することが多い。その中でも，近年は仲裁手続の重要性が非常に高まっている。

以下では，仲裁手続の特徴に言及しつつ，主に訴訟手続との比較において仲裁

..........................................
6) 中国仲裁法16条及び18条。ディヴィッドA. リブダールほか著「中国におけるICC仲裁」（JCAジャーナル53巻10号40頁）参照。

手続を選択する場合のメリット・デメリット，選択に際しての留意点について述べる。

① **手続の柔軟性**

　仲裁のメリットとしてまず挙げられるのは，手続の柔軟性である。

　訴訟では，当事者は，裁判官を人数も含め選択できないし，手続を行う場所も指定できない。また，訴訟法の手続に拘束されるため，訴状送達１つをとっても，煩雑な送達手続が必要であり，手続の使い勝手が悪い。

　この点，仲裁では，手続の大部分を当事者が自由に決めることができる。当事者が合意すれば，仲裁人を指定し，その人数を選ぶことも可能である。仲裁人の人数は，当事者の合意がなければ通常１名であるが，一方当事者に有利になることがないよう３名選任するケースも多く見られる。さらに具体的な手続を行う場所・施設も当事者が選択できる。

　仲裁を行う地も当事者が選択できる。この点は，裁判管轄同様，当事者にとって主要な関心事であり，自国の手続が望ましいが，いずれかの当事者の国で行うという合意は得られにくい。したがって，一方当事者に有利となる結果を避けるため，訴えられる当事者の所在地を仲裁地とする被告地主義や，いずれの当事者の国でもない第三国を仲裁地とする第三地主義で合意することも少なくない。なお，第三国を選択する場合には，いずれの国を選ぶかという問題が生じるが，その際には，あらかじめ言語や地理（交通の便を含む）のほか，当該仲裁地における仲裁の評価（公平性・専門性等），弁護士確保の容易性などを検討しておくべきである。なお，日本企業が当事者となる場合に比較的多く選択されるのは，アジアを代表する国際仲裁機関として世界的にも評価の高いシンガポール国際仲裁センター（SIAC）である。

② **秘密性**

　また，仲裁においては，紛争内容の秘密性が保持される点も重要である。訴訟手続は，公開手続で行われることが一般的であるため，企業の機密情報や知的財産権の内容に関する情報のほか，紛争が存在しているという事実が公開され，マスコミやライバル企業の知り得るところとなってしまう。しかし，仲裁では，手続は原則として非公開で行われるため，このような事態が

生じるのを避けることができる。

③ **専門性**

　前述のとおり，仲裁においては，その手続の柔軟性の一環として当事者が仲裁人を選定することができる。当該取引の内容，紛争類型について専門的な知識を有する者を仲裁人として選択することで，当該案件に即した専門的な解決を期待できるという点も仲裁の大きなメリットである。

　訴訟における裁判官は，法律及び紛争解決の専門家であっても，当該取引の内容，紛争類型に関する専門家とは限らない。紛争類型の前提たる知識を担当裁判官が十分に有していない場合には，事案を十分に理解してもらえず，適切かつ公平な判断が期待できないケースも考えられる。

　したがって，専門性を要する案件では，（当該契約・取引の内容に関する専門部が，紛争解決を行うことになる国の裁判所に設置されているかどうかも確認したうえで，）仲裁手続を選択するのが適当な場合も多いであろう。

　一方で，仲裁人は法律の専門家とは限らないため，事実認定や法適用に誤りが生じるリスクには留意が必要である。

④ **時　間**

　紛争解決に要する時間も重要である。訴訟は相当長期にわたるが，仲裁では，訴訟の場合に訴状送達に要する期間を省略できること，審問の期日を集中的に行えること，上訴手続がないことなどにより，訴訟と比較して短期間での解決が期待できると一般的には言われている。しかしながら，証拠調べの手続如何によっても仲裁は訴訟同様に長期化し得るし，メリットである手続の柔軟性ゆえに逆に時間がかかることもある（当事者が希望する再反論を仲裁人が断りにくい等）点には留意する必要がある。

⑤ **費　用**

　一般的には，訴訟の場合よりも，費用は安く抑えられることが多いと言われている。しかしながら，常にそうであるわけではなく，ケースによって大きく異なり得るため留意が必要である。

　訴訟では，裁判官の費用は国家が負担するため，各当事者が支出を要するのは各自が委任している弁護士費用と一部の訴訟費用のみであるが，仲裁においては，当事者は仲裁人の費用も負担するため，複数の仲裁人を選任する

ケースなどでは相当高額になる。

　また，仲裁の場合，仲裁機関によって，仲裁人の費用の算定方法が異なるため（時間ベースか紛争額ベースか），どの仲裁機関を選択するか，簡易手続を利用するか等によっても結論が変わってくる点に留意する必要がある。

⑥　終局性・一審性

　この点は仲裁のメリットでもありデメリットともいえるが，仲裁では，上訴がなく，終局的な判断がなされる。上訴がない分，紛争解決に要する時間は短くて済むが，仲裁判断が終局的な判断ということは，判断に万が一誤りがあった場合に取り返しがつかないということなので，そうした意味では割り切りが必要である。この点は個別の案件に即して，紛争解決の手軽さや迅速さと慎重さのいずれを重視するのかを検討する必要がある。例えば，今後も取引継続を予定している当事者間において，公平さを期すために第三者に紛争解決を委ねたいが，徹底的に争うつもりはないようなケースでは仲裁の方が望ましいと考えられる。

⑦　相手方当事者の国家裁判所システムの回避

　また，仲裁による場合には，他の当事者の国家裁判所システムを回避できるということが挙げられる。訴訟の場合には，手続に柔軟性がないこともあって，当事者のいずれか一方（または双方）が，不慣れな手続を理解しなければならず，不安を抱えながら応訴しなければならない。この点，仲裁の場合には，手続に相当の柔軟性が認められ，手続の進行についてある程度当事者意思を反映させることが可能なので，こうした不利益が一方当事者にのみ及ぶという不公平は回避できる。

⑧　いわゆるカントリーリスクのある国や発展途上国における留意点

　近時の傾向として，特に留意が必要と考えられるのが，政治的・経済的にいわゆるカントリーリスクのある国や，発展途上国の当事者と取引を行う場合である。国によっては，成熟した司法制度が存在せず，裁判官が中立性を欠く懸念を払拭できない場合や，政治が介入し裁判の内容が歪められる場合なども考えられる。

　往々にして，こうした国の企業と取引を行う場合には，当該国で公正さに疑問の残る現地裁判官により紛争の最終的解決がなされるという最悪の事態

を回避するために，当該国内での仲裁判断に期待するしか方策がないという場合も考えられるのである。

⑨　外国の仲裁判断の承認・執行の問題

訴訟におけるのと同様，仲裁においても外国における仲裁判断の承認・執行が問題となることに留意する必要があるため，仲裁判断の執行可能性について事前に確認しておく必要がある。しかしながら，多くの国がニューヨーク条約に加盟しているため，訴訟と比較すると，仲裁の国際的通用性は高い。

### 2.3.4　国際商事調停[7]

調停とは，当事者間の紛争解決について，第三者を介して，一定の合意を成立させる手続である。仲介者たる第三者は，私人の場合も裁判所などの公的機関の場合もある。調停の位置づけや，調停の利用状況は各国で相当異なっているようである。

日本では，「裁判外紛争解決手続の利用の促進に関する法律」(平成16年法律151号。通称ADR法) が平成19年4月1日に施行されている。

但し，当事者間で合意に至ることが前提となっていることや，各国によるその制度上の位置づけや効力の違いなどから，国際取引紛争では，紛争解決手段としての利用がそれほど多いとはいえない。

調停については，一般的に，費用や時間が訴訟や仲裁と比べて圧倒的に節約できるという観点からも，訴訟や仲裁が最終的な紛争解決手続として選択されていても，それを補完する手続としての利用が増えることが期待される。

【参考文献】
- 小出邦夫『逐条解説　法の適用に関する通則法〔増補版〕』(商事法務，2015年)
- 三木浩一・手塚裕之・弘中聡浩『国際仲裁と企業戦略(西村高等法務研究所理論と実務の架橋シリーズ)』(有斐閣，2014年)
- 道垣内正人『国際契約実務のための予防法学　準拠法・裁判管轄・仲裁条項』(商事法務，2012年)

---

7) 中村達也「模擬調停に見る国際商事調停の実際」(JCAジャーナル53巻3号)参照。

- 須網隆夫・道垣内正人『ビジネス法務体系Ⅳ　国際ビジネスと法』(日本評論社, 2009 年)
- 神前禎・早川吉尚・元永和彦『国際私法　第 2 版』(有斐閣アルマ, 2006 年)
- 神前禎「解説　法の適用に関する通則法　新しい国際司法」(弘文堂, 2006 年)
- 小林秀之『国際取引紛争　第三版』(弘文堂, 2003 年)
- 河村寛治『国際取引・紛争処理法』(同友館, 2006 年)
- 牧野和夫・河村寛治・飯田浩司『国際取引と契約実務　第 3 版』(中央経済社, 2013 年)
- 高桑昭『国際商取引法　第 2 版』(有斐閣, 2006 年)
- 中村達也『模擬調停に見る国際商事調停の実際』(JCA ジャーナル 53 巻 3 号)
- 澤井啓『国際商事仲裁に対する企業の姿勢と実務』(JCA ジャーナル 53 巻 9 号 12 頁以下)
- ディヴィッド A. リブダールほか『中国における ICC 仲裁』(JCA ジャーナル 53 巻 10 号 40 頁)

# 第3章

# 国際知的財産紛争

## 3.1 『黒船』の到来

　『パテントトロール』(patent troll)。特許を保有し，その特許に触れる製品が現れると，強硬な交渉によって多額の損害賠償を勝ち取る会社である。彼ら自身は製品をもたないので，クロスライセンスで妥協点を見出すことができない。こちらがいくら特許をもっていても歯が立たない。とりわけ，米国では特許侵害訴訟で認定される賠償額が大きく，数百億円という数字も見受けられる。

　一昔前，『パテントマフィア』といわれる人たちがいた。90年代は多くの日本企業が狙い打ちにされた。彼らは主に「強力な基本特許」を保有する個人発明家と，成功報酬でライセンス交渉を受けもつ辣腕弁護士のコンビによる。

　一時期，社会問題にまでなった米国の「サブマリン特許」はその例である。特許出願を延々と繰り返すことにより，発行（つまり特許の成立）が意図的に遅らされた特許をいう。発行されたとき，その発明は世の中で普及している。まさに，目の前に突然サブマリンが巨体を現し，丸腰の人に砲弾を浴びせるかの感があった。

　筆者も日本企業の代理人として，パテントマフィアに対抗した時期があった。その過程で彼らの特許戦略を知った。それは特許性，すなわち発明の新規性や進歩性がほぼゼロであっても，「諦めずに特許にする」。彼らは「どこかで聞いたことがあるような話だからこそ，特許になったら大化けする」と考える。そして，あらゆる手法を用いて特許をとる。

　米国からある日，会社の代表取締役にレターが届く。

> 「御社の製品は私のクライアントが有する米国特許第〇〇号と関連性を有するという感触をもっております。つきましては，10月31日までに貴殿の見解をお知らせください」

文面は丁重そのもの。しかし，1ヵ月後には次のレターが届く。

> 「当方は御社の製品が既述の米国特許を侵害する心証を得ております。つきましては，12月15日までに，該当する製品の型番と出荷台数，総出荷額，……をご連絡ください。ご回答をいただけない場合は，訴訟手続を採る予定でおります。……」

さらに不安をあおるレターが続く。

> 「米国特許第〇〇号は，A社とライセンス契約に至りました。御社もライセンスを受けられる場合，1月31日までに締約し，かつ，過去出荷分については200万ドルを一括で支払われるなら，将来出荷分について製品単価の5％のロイヤルティでライセンスします。1月31日までにライセンスを受けられない場合，過去出荷分は300万ドルの一括支払い，および将来分は8％のロイヤルティからのご提案となります。」

次は，警告のレターというよりは，「戦績のレポート」が来る。

> 「米国特許第〇〇号は，以下の会社にライセンスをいたしました。
> 2012年1月　A社，B社
> 2012年3月　C社，D社，E社，F社　…………」

　以上の経過は，脚色はあるものの，筆者が日本企業の代理人として体験した流れである。当時，社の役員や技術責任者も含め，週に2回はミーティングをもった。その結果，相手の特許は簡単に無効にできないと見切りをつけて早期に解決を図り，同業他社の中では最低の金額で契約を結ぶことができた。だが，それとて結果論である。ひょっとすると，誰かが決定的な先行文献を見つけだし，特許が無効になることもありうる。そうなれば，白旗を振ってお金を払った行為は「腰砕け」といわれかねない。1社でも金を払えば，相手は戦果を他社に伝えるため，業界全体にネガティブなインパクトを与える。かといって，対応が遅れれば，

企業として命取りになりかねない。担当者には悪夢の日々が続く。

さてあなたは，こうした事態に巻き込まれたとき，冷静に対処できるだろうか。

## 3.2 国際化する知財紛争

ここでは，国際的な知的財産紛争の実例をいくつか紹介する。

### 3.2.1 中国での商標「青森」の登録

中国で「青森」にそっくりの商標が商標出願された。これに対し，青森県が中国商標局に異議申立をした。この事件に先立ち，広州市の企業が「青森」(そのものずばり)を商標出願していたことが分かり，青森県は異議申立を行い，主張が認められていた。中国へのリンゴの輸出が増えているさなかの事件である。

### 3.2.2 発展途上国と医薬特許

2007年，タイ保健省による特許の強制実施権が話題となった。タイにはHIV感染者が多数いるとされるが，治療薬を購入できる人は少ない。この状況下，タイ保健省はジェネリック医薬品を認可するために，医薬特許に対して強制実施権を発動した。強制実施権は特許の効力を停止するものであり，タイ保健省による措置は異例である。こうしたことも手伝い，米国はタイを最も悪質な特許侵害国の1つとしている。医薬品による人命の救済という公益性と，特許による製薬会社の独占性との衝突は深刻である。

### 3.2.3 ヤマハの商標

ヤマハ発動機株式会社は，「雅馬哈(やまは)」「YAMAHA」および「FUTURE」の登録商標権を侵害されたとして，中国の浙江華田工業有限公司以下4社を被告とし，2002年10月に江蘇省高級人民法院に提訴した。2007年その上訴審判決が最高人民法院から言い渡された。判決は，ヤマハの主張をほぼ全面的に認めた江蘇省高級人民法院における判決を維持するものであった。日本企業による知的財産に関する訴えを最高人民法院が認めた画期的な事件であった。証拠保全で得られた証拠に基づき，ヤマハが算定した損害賠償額も認められた。

## 3.3 知的財産に関する基礎知識

知的財産は無体財産であり,権利の実体は土地や建物のような有体物ではない。その無体性ゆえに,気付かずに他人の特許を侵害する怖さがある。逆に,自分の権利を守るときも知的財産の無体性ゆえの難しさがある。

上述の「青森」の商標登録の問題など,関係者は,誰も予想しなかっただろう。本質的に悪意をもつ者の行為は防ぎきれないともいえる。

特許権,商標権,その他知的財産権は各国の憲法のもとで保障される財産権であり,国ごとに独自の制度下,独自の権利として存在する。したがって,国際化する知的財産紛争に備えるためには,貿易の対象国の知的財産制度について理解をする必要がある。

### 3.3.1 貿易と知的財産

本書の1つのテーマである貿易は輸出と輸入に大別される。輸出の場合,相手国に存在する他人の知的財産を侵害しないことが最大のポイントである。しかし,日本から輸出するまでの段階では,日本に存在する他人の知的財産の侵害も問題となる。

輸入の場合も同様,まず出荷国の国内に存在する他人の知的財産の侵害が問題となり,日本に入ってきた段階では日本に存在する他人の知的財産の侵害が問題となる。したがって,貿易形態が輸出か輸入かを問わず,日本および相手国両方における他人の知的財産をケアする必要がある。さらに,貿易を安定的,継続的に行うためには,輸出,輸入を問わず,日本および相手国において,自らの知的財産を確立していく努力も必要となる。

### 3.3.2 知的財産の保護対象

知的財産制度は各国独自とはいえ,国際間の協調が比較的進んでいる。特に,特許要件については,国際的な審査レベルを統一したり,審査自体を一本化することがいずれの国にも益するため,さらに制度の統一が図られつつある。

(1) 発　明

　おおまかにいえば，新規性，進歩性，産業上の利用性を有する発明が各国の特許制度によって保護される。日本では特許法で「発明」は「自然法則を利用した技術的思想の創作のうち高度のもの」と定義されている。例えば，トランプのゲームのルールや経済法則などに関するアイデアは，「自然法則を利用しない」として，発明として扱われない。欧州も同様に発明の対象に厳格である。米国はその点，比較的緩い。

　新規性を求めるのは，特許制度が「発明を広く公開する代償として，特許を与える」ことを重視するためである。すでに自分で発明を公開してしまえば，特許制度が介入してその発明を公開する必要はなく，したがって，特許を付与する必要はない。いまだに製品出荷後に「特許を取得したい」という相談が絶えない。

　仮に自ら発表をして新規性がなくなった場合，わが国の特許法には「新規性喪失の例外規定」という救済措置がある。刊行物に発表したり，学会の予稿集に論文を出した場合など，救われる場合もある。手続は煩瑣であるので，弁理士に確認することが望ましい。

　米国の場合，さらに救済の幅が広い。自ら公表した場合でも1年間は特許出願ができる。この1年間は「グレイスピリオド」(grace period) とよばれている。

　欧州の場合，特許出願は各国別に行う場合と，複数国に束として出願する効果のある EPC (European Patent Convention；欧州特許条約) を利用する欧州特許出願がある。わが国の出願人は EPC を利用することが多いが，EPC は新規性喪失の例外として，日本では認められる「自ら刊行物に発表する」行為が対象とはならない。EPC は新規性に対して厳しい。しかし，ドイツに限れば，実用新案法で6ヵ月のグレイスピリオドが設けられているため，EPC による特許取得を諦めても，ドイツでは権利化の途がありうる（しかもドイツでは，実用新案の保護対象が「方法」を除き事実上特許と同等と，広い）。

　新規性の次に「進歩性」が必要である。発明がたとえ新規であっても，過去の技術に対して何か少しは飛躍した部分がないと，当たり前の技術に特許が付与され，他人の産業活動に支障が生じる。そのため，従来の技術にプラスαの何かが必要となる。

　このプラスαの部分，すなわち進歩性のハードルはもともと日本では高く，

米国では低いといわれたが，ここ数年，米国でもハードルは高まる方向で推移し，KSR事件の最高裁判決[1]でその傾向は決定的となった。

(2) 商　標

　会社がいわゆるハウスマークとして自己を表示する場合，そのマークは商標として保護される。「SONY」や「TOYOTA」はその例である。

　ハウスマークでなく，商品やサービスにつけた名前も商標として保護される。例えば，ソニーがテレビに使用する「BRAVIA」がそうである。したがって，このテレビは，「SONY」ないし「ソニー」というハウスマークの段階と，「BRAVIA」という商品名称の段階において，多重的な保護を受ける。ただし，コストパフォーマンスを考え，ハウスマークだけを登録することも多い。

　いずれにしても，商標制度で保護される商標は，「商品やサービスを提供する主体が信用に足る者であること」，または「商品やサービス自体が信用に足るものであること」を示すマークである。国際取引においては，貿易というプロセスが入り，生産者の顔が直接見えないこともあり，商標の品質保証機能の意義がより一層高まっている。

　商標制度においても，国際間の協調により，一部制度の統一が図られている。商標はそれを付す商品ないしサービスとセットになる。そのため，商品やサービスの分類表が国際的に統一されている。商標登録出願には「マドリッドプロトコルによる国際登録出願」という制度があり，1つの出願で多数国に出願をしたのと同様の効果が得られるようになった。各国で効率的に商標を登録するためにも，ぜひ利用すべき制度である。

　国別に見ると，商標制度は大別して「登録主義」と「使用主義」に分かれる。米国とカナダは後者であるが，それら以外のほとんどの国は前者である。前者は「登録することによって商標権が発生する」，後者は「商標を使用することで商標権が発生する」という考え方である。前者は「まず商標権を確保し，安心して商売をする」というビジネススタイルを支援し，後者は「すでに商売をしていれば，その信用に対して商標権を自然に発生せしめる」という態度によって，既存のビ

------

1) KSR International Co. v. Teleflex Inc.

ジネスを支援する。前者において登録という行為は商標権の発生要件であるが，後者においては商標権の存在を確認する意味をもつ。米国では，ある商標を使用する意思があれば出願までは認められるものの，実際に使用を開始しないと登録は認められない。

　欧州については，CTM（Community Trade Mark；欧州共同体商標）として，OHIM（Office for Harmonization in the Internal Market；欧州共同体商標意匠庁）に1件登録すれば，EU加盟国全域に対して商標権が発生する。EPCによる特許出願の場合は，権利化を望む国を「指定国」として明示するが，商標についてはEU全域が対象となるため，指定という考え方はない。CTMはコストメリットが大きいため，この制度をうまく利用するとよい。ただし，CTMに基づく商標権が無効になったり，放棄されたりすると，その効果はいきなりEU全域に及んでしまうので，オール・オア・ナッシングの扱いに注意が必要である。

(3) 意　匠

　製品の外観，すなわちデザインは意匠として保護される。ただし，意匠として保護されるものは，いわゆる工業デザイン（プロダクトデザイン）が中心である。芸術家が描いた一枚の絵は量産性がないため，意匠制度ではなく著作権制度で保護される。

　「工業デザイン」といったが，雑誌に掲載されるほど高いデザイン性は必要ではない。新規であり，それなりに美感を生じさせるものであればよく，例えば車のバンパーやボルトも保護対象である。そのようなパーツであっても，独立して取引される製品である以上，模倣から保護すべきだからである。

　なお，製品の性質上，誰が創作しても大体似た意匠になってしまう業界においては，意匠権の範囲は一般に狭くなる。例えば，特定用途のバルブの意匠などは，設計者による美感設計の余地は限られており，したがって，ごく細かい違いで別の意匠権が成立しうるが，それぞれの権利の範囲も狭くなる。逆に，いままで全く世の中に存在しなかったような製品については，意匠権の範囲も広めに解釈される。

　日本では，意匠法は特許法と別に存在するが，米国では特許法の中に意匠特許（design patent）という項目で扱われている。中国でも，日本の特許法に当たる専

利法の中で発明,考案,意匠（すなわち創作物）が統合的に扱われている。欧州には,商標の場合同様,意匠についても欧州共同体意匠（European Community Design）というものがあり,OHIMへ出願し,登録されれば,意匠権はEU加盟国全域に及ぶ。この制度もコストパフォーマンスは高いが,権利がオール・オア・ナッシングである点,商標同様の注意を要する。

(4) 考　案

日本の実用新案制度の保護対象は「考案」とよばれる。実体は「発明」と同じで「自然法則を利用する技術的思想の創作」である。しかし,発明ほどの高度さは要求されず,いわゆる日用品に関する小発明をいう。

日本では,保護される考案は「物品の形状,構造または組合せ」に限られている。日本では現在,実用新案は形式審査だけで権利を与える「無審査主義」を採用している。そのため,権利化は出願から半年程度と早いが,権利行使のためには,その時点で,もう少し実体に踏み込んだ技術評価（特許よりは軽めの審査といったもの）を経る必要がある。

日本にいると,「実用新案」があるのが普通と思いがちであるが,世界的に見ると日本はむしろ例外である。日本以外の主要国としては,ドイツ,中国,韓国,台湾などにあるにすぎない。

(5) 著作物

各国の著作権制度やベルヌ条約で保護される。ベルヌ条約は,著作物が完成したら自然に著作権が発生するという考え方（無方式主義）をとるため,この条約の締約国であれば,著作物の登録などをしなくても著作権は発生する。

著作物は文芸,学術,美術,音楽など,人間の創作行為に伴って生じるもので,貿易の対象としては,例えば出版物や映像作品などがある。著作権制度はいずれの国においても著作物の流通形態などに応じて刻々と変化している。例えば,放送と通信の垣根が取り払われつつある現在,テレビ放映用に作製した番組をインターネットで流すと,従来放送の枠だけで考えられていた著作権の問題を通信の世界でも考える必要が出てくる。放送の世界の中だけでも,デジタル放送化によって映像の劣化がなくなり,家庭における録画でさえ,新たな著作権問題を発

生させている。わが国の著作権法を見ても，ここ数年の改正により法律の内容もボリュームも，全く違う法律かのような変貌を遂げている。それでも法律の改正が著作物流通の実情に追いついていない。

支分権の多さも著作権制度を複雑にしている。例えば，小説を映画化するだけでも，小説の原作者，それが外国語の場合はその翻訳者，映像製作者，演じる役者，作曲家，DVD製作者など，関与するさまざまな人たちに種々の権利が発生する。これらを総称して著作権といっているが，一口に「著作権」といっても，著作者の名誉を中心とする人格権に関する部分と財産権として処分可能な狭義の著作権とを含んでいる。わが国だけでもこれだけ複雑であるから，貿易の相手国まで考えた場合，配慮すべき問題はきわめて多い。

なお，米国は当初，著作物としての保護には，いわゆる©マークの表示を必要とする方式主義を採用していた。そのため，ベルヌ条約に加盟しなかったが，最終的に国内法を改正し，1988年にベルヌ条約へ加盟した。その結果，世界の大半の国はベルヌ条約に入り，著作権について無方式主義が世界の標準となっている。

## 3.4 紛争の予防

貿易における知的財産紛争を回避するために，まず一番大事なことは，他人の知的財産を侵害しないことであろう。そのために，自分にとって危険な他人の知的財産を効率的かつ漏らさず見つけることは切実な問題である。以下，輸入と輸出に分けて，他人の危険な知的財産を見つけだすプロセスを説明する。

### 3.4.1 輸入時の知的財産のウォッチ

ある国から製品を輸入するケースを考える。このとき，出荷側の会社がその国の国内の知的財産に関する問題に対処するのが一般的である。そうすると，我々は輸入以降のことを中心に考えればよいから，日本国内の他人の知的財産をケアすることになる。

いま輸入しようとする製品が日本国内で問題とならないか，知的財産に関するクリアランス調査が必要となる。「クリアランス」とは，2つの物の間の距離のことであり，つまり輸入する製品（以下「輸入製品」という）と他人の権利との距離

をいう。

(1) 商　標

ざっくりいえば「他人の登録商標が，輸入製品に付された商標と同一または類似し，かつ，輸入製品が登録商標の指定商品または指定役務と同一または類似することはないか」を調査する。「役務」とはサービスのことだが，以下商品と併せて単に「商品」とよぶ。指定商品とは，その商標を使用する商品であり，商標登録出願の際，出願人が指定する。

「登録商標と同一か類似の商標を指定商品と同一か類似の商品に使用」という行為が商標権の侵害行為となる。商標が類似していても，類似しない商品について使用する限り，商標権の侵害にはならない。まず，この点の理解が必要である。

ただし，商標の中には著名なものがある。「ソニー」はその例であり，仮に輸入製品が，ソニーが全く扱わないようなものであっても，商標法による保護がありうる。著名商標については，さらに不正競争防止法による取締りもありうる。これらの点も十分注意が必要である。


(2) 意　匠

おおまかにいえば，「他人の登録意匠が，輸入製品と同一または類似することはないか」を調査する。この範囲が意匠権の効力の範囲である。「同一」とは「形態」も「物品」も同一の場合をいう。「類似」とは「形態」と「物品」の一方が同一で他方が類似する場合と，「形態」と「物品」の両方が類似する場合とがある。そのため，仮に見た目（形態）が同一であっても，物品が全く違う場合（非類似の場合），意匠権の侵害とはならない。


(3) 特　許

特許は商標や意匠と違い，技術的な思想であるから，とたんにサーチが困難になる。例えば，輸入製品が情報端末だとする。情報端末にはハードウエアとしてCPU，通信回路，表示回路ほか多数の回路がある。一方，ソフトウエアとしてOS，GUI，アプリケーションプログラムがある。それらのいずれにも多数の特許が存在する。さらに機械周りには，筐体，ボタン，タッチパネルほか多数のパー

ツがあり，やはり多数の特許がある。日本では，毎日1,000件近い特許出願がなされている。

こうした状況だから，検討にあたり，まず社内に，輸入製品の技術に明るい人がいるかが重要な鍵となる。例えば，ベテランエンジニアが永年情報端末の開発に携わっていれば，「フタを閉じると休止状態に入る技術は，80年代前半には存在した」などの証言を得ることができる。特許権は20年しか存続しないので，その技術については特許が残存していないと推測できる。こうした検討を繰り返していけば疑問は減る。

しかしそれでも，よほど単純な製品でない限り，疑問はゼロにならない。気の遠くなるような問題点リストが残る方が普通で，あとはある程度腹をくくってテーマを決め，具体的にサーチをしていくほかない。例えば，輸入製品が「ボタンに触れると数秒間だけバックライトが明るくなり，また暗くなる」技術を採用しており，エンジニアもその技術が20年前に存在していたかどうか記憶にない場合，これをサーチの対象とする。

無数とも思える疑問点のうち，いずれをサーチの対象として優先するかには，ある程度経験則がある。私がクライアントに推奨しているのは，以下のポイントである。

① 外から見てすぐにわかる特徴

　　侵害が容易に発見されてしまうためである。情報分野でいうと，GUIに関するものは要注意である。機械分野ではユーザーの操作性を高める構造の工夫も同様である。

② 代替技術がないもの

　　避けて通れない技術に特許があれば，輸入製品もその特許を侵害している可能性がある。要するに「基本特許は危ない」ということである。例えば，自動車の間欠ワイパーはそうであった。シンプルなアイデアな分，この最初の特許は基本特許であり，米国の個人発明家が自動車メーカから多額のライセンス料を受けたことで知られている。

③ 製品価値を高める技術

　　3時間だった電池寿命を倍に延ばす電源制御技術の発明は，製品を売る原

動力になる。そうした特許を侵害したとなると，ペナルティは大きい。ライセンス料も一般に「その特許の製品価値への寄与率」という考察がなされるため，高くなる。ただし，ライセンス料を払って許してもらえるなら，まだましかもしれない。特許権者がシェア争いを演じている相手の場合，ライセンスをくれず，生産停止に追い込まれることもある。

 以上，輸入時の知的財産のウォッチについて概説した。他人の権利をサーチする場面では，経験やノウハウがサーチの成否に大きな影響を及ぼす。社内にサーチにたけた人がいない場合，弁理士や調査会社の利用も考慮すべきである。

### 3.4.2 輸出時の知的財産のウォッチ

 輸出も特許権等の侵害行為に当たる。まずは日本国内における他人の知的財産にケアしなければならない。さらに，輸出の相手国における他人の知的財産にケアが必要である。
 いずれの場合も，前項のサーチが有効である。相手国における調査の場合，相手国にいる特許弁護士，弁理士，調査会社等に作業を依頼することが多い。調査主体によっては，期間も料金もかなり異なるので，注意が必要である。

## 3.5 紛争とその対応

 他人の知的財産を気にかけていても，本章の最初に挙げたような警告レターが届くことがある。そのとき，どうすべきか。逆に，自分の知的財産を侵害している第三者を発見したらどうするか。以下，自分たちが侵害する側かされる側かは別として，特許権者をABC社，侵害を問われている側をXYZ社と表記し，一般的な処理の流れを示す。

### 3.5.1 ABC社による事前検討

(1) 自社特許の有効性の確認
 まず，自分の特許の有効性を調べる。特許の請求項に記載された発明をテーマとして，先行技術文献をサーチする。その際，その特許の技術分野に強い企業が

存在する国についてサーチをかけるべきである。特許を無効にする先行技術文献には，原則として国境はなく，どのような言語で書かれていても特許を無効にできるためである。

　次に，審査段階で特許庁に対して自ら述べた事柄により，特許の範囲が限定されないか確認する。例えば，「私の発明は歯車を1つしか使わないから，歯車を複数必要とする従来の技術とは違う」と主張したとする。その場合，仮に特許が得られても，歯車を複数必要とするような他人の製品は特許の侵害とはならない。

　さらに，米国特許の場合，情報開示義務を果たしたかを確認しておく。米国固有の審査制度として，出願人は自らの発明の特許性を否定しうる文献を見つけたとき，これを漏らさず審査官へ提出しなければならない。この義務を怠ると，特許が行使不能になる。

　ほかの考慮点として，「時効」がある。特許権の権利行使には一定の時効が存在するが，規定は国によって異なる。さらに米国の場合，相手の侵害行為に気付いてから6年間権利行使をしないと，「懈怠（laches）」といって，権利行使ができなくなる。

　以上の考察を経て，相手の製品や行為が自分の特許を侵害する心証を得たら，弁理士や弁護士の意見を，鑑定書，見解書などの形で取得しておく。

(2)　市場に出る前の調査

　相手の製品が出展されるショーで商品説明を受け，カタログを集める。カタログには製品の仕様や性能が記載されていることが多く，侵害有無の確認に有用である。また，web上で相手の製品に関する情報を収集する。

(3)　実際の製品調査

　例えば日本に入ってくる輸入品が自分の特許を侵害しそうな場合，電気製品なら秋葉原などの専門店街に出向き，実物を購入して確認する。外国における侵害の場合，現地事務所にパトロール機能を任せることができる。

(4)　特許出願からの推測

　相手の特許出願からその製品の機能を推定する。同様に，相手方の技術者が書

いた論文から推定できる場合がある。これらも利用し、相手製品による侵害有無を判断する。

(5) 侵害品のリストアップ

自分の特許を侵害している相手製品（侵害品）を特定し、損害額を推定する。その準備として、侵害品の販売額や自社の逸失利益を計算してみる。損害額が小さすぎて訴訟メリットがない場合もある。

複数の侵害者がいないか、いればどこが交渉相手として与しやすそうか検討する。本章の最初に述べたように、「まずはどこかに白旗を振らせる」という戦術である。

(6) 特許の補強

特許発明に関連する発明をさらに出願しておく。前述のように、「外から侵害が容易に特定できる発明」を出願できれば、侵害特定のための労力を軽減することができる。

すでに関連出願が存在する場合、分割出願をしたり、その出願自体の中で補正をしたりして、侵害品をより確実に権利範囲に入れていく。

米国特許の場合は、再発行（re-issue）出願も検討する。特許の発行（つまり特許の成立）から2年間であれば、権利を広げる余地がある。ただし、再度審査がなされるため、その過程で特許が無効となるような先行文献が発見されるおそれもある。

(7) 争うかどうか

1件の特許だけで闘うと、相手からのカウンターアタックで多数の特許侵害をいわれたとき、逆にこちらが白旗ということもありうる。二の矢が打てるか、検討をしておく。また、相手に強力なカウンター特許がないか確認しておく。

比較的小さな会社の場合、IR（インベスター・リレーションズ）上の意味も考える。有力な企業が自社の特許を侵害していれば、自社の技術力を世間にアピールできる。

逆に、相手が自分に比べて小さすぎる場合、攻撃が世間的に見てどうかという

問題もある。単に弱い者いじめとみられれば，イメージダウンもある。

訴訟する価値があるかも考える。訴訟は時間も費用もかかる。場合によっては，訴訟に勝つことより，相手とクロスライセンス，提携，技術協力などをしたり，買収してしまいたい場合もある。何が最終目的か，多面的に検討しておく。

### 3.5.2　ABC社から警告レターの発送

以上の検討を経て，ABC社からXYZ社へ警告レターが送られる。その際，以下の内容が記載される。

(1)　特許番号

必須である。相手は特許原簿等で特許権の存在を確認する。特許原簿のコピー等を添付すれば，相手の手間を省くことができる。交渉を本気ですることの意思表示ともなる。

なお，最初の警告レターはこの特許番号を記載する程度の場合が多い。番号を告げ，「御社の製品にこの特許を利用しているものがあると考える」という程度で相手の出方を見ることが一般的である。以下の項目は2通目以降に含まれることが多い。

(2)　侵害品の型番

侵害品の型番が分かれば示す。不明ならシリーズ名や特徴をいう。

(3)　解析結果

相手の製品が特許を侵害していることを説明する資料（クレームチャート等）を添付する場合もある。ただし，手の内を明かすことになるため，交渉の過程で必要に応じて提示する。自分はより少なく，相手にはより多くしゃべらせるのが交渉技術である。

(4)　要望

即時の中止を求めるのか，過去分について何を求めるのか，ライセンスの受け入れを求めるのか。目的を明らかにする。

(5) 秘密保持契約（NDA；Non Disclosure Agreement）

　他の法律分野では CA（Confidentiality Agreement）ともいう。ほかの侵害者に情報が漏れることを防ぎ，知財交渉の戦略を秘密にするためである。

(6) ライセンスの条件

　相手の製造や販売を停止させる目的なら，ライセンスという話はない。ライセンスでよい場合のみ，ライセンス条件が意味をもつ。これは XYZ 社の回答を見てから決めることも多い。前提として，おおまかな数量（販売額）の把握が必要である。

(7) 代理人の指定と明記

　必要に応じて，以降の交渉を委ねる代理人を明記する。代理人を通すことで直接対決の色彩を薄めることができる。

(8) 返信期限の設定

　1ヵ月程度である。ただし，国による事情も考慮する。例えば，夏休みの長い欧米諸国に対して8月に回答期限を設ける実効性はどうか。「停戦期間」という問題もある。欧米ならクリスマスは避けたい。国ごとの実情は現地代理人に確認しなければならない。

　なお，そもそも相手が守れないような期限は設定すべきではない。以降の期限がすべていい加減になり，相手から足下を見られる原因となる。

(9) 返信すべき人の特定

　代表権がある人から返信してもらう。ただし，相手によって責任者といえる人の役職が違うので，ケース・バイ・ケースで判断する。

### 3.5.3　警告レターを受けた XYZ 社の検討事項

(1) 初期検討

　言いがかりや意味不明の警告レターもある。明らかに侵害していない場合もあるし，製品が全く違う場合もある。海外からの警告レターには，このようなもの

が比較的多い。何もする必要がないと思える場合は，専門家に相談して，見切りをつける。

相手のレターが一見まともでも，年金未納等でもはや特許が存在しない場合もある。また，しばしば，権利主体と警告主体が違うことがあるので，特許原簿等で確認する。

なお，問合せ先が違うという回答ができる場合もある。こちら側の契約の関係で，納品元が対応する取り決めになっている場合などである。そうした場合，軽率に返信して余計な責任が発生しないよう，十分注意する。

(2) 本格的検討が必要な場合の当面策

検討時間が不足する場合，期日の延長を求める。この場合，正当と思われる理由を付す。警告レターに不明点がある場合はそれを質問する。特にライセンス意思の有無と条件は聞いておきたい情報である。また，相手の決算のタイミングも考慮する。それを越えてしまうと相手も急がなくなる。

(3) 本格的検討

本当に自社製品が侵害しているか，厳しめに判断する。ABC社がどう解釈するか予想し，自己の主張との強さと比較する。相手の出願の包袋を特許庁から取り寄せ，出願経過に禁反言（3.5.1(1)で説明した「歯車」の例）がないか確認する。検討の結果，侵害をしている可能性がある場合と，全く問題ない場合とで，行動は分かれる。

① 侵害している可能性がある場合

特許を無効にできるか先行文献調査をする。しばしば，その特許の発明者自身がよく似た内容の先行特許出願をしている。「発明者または出願人が同一」という条件のサーチは必須である。有効な先行特許文献がない場合，論文もサーチする。

特許を無効にできる感触がない場合，抗弁の余地を検討する。例えば，自分の製品が，相手の特許出願より前から知られていた製品と同じ技術を利用している場合，その技術には特許の効力は及ばない（公知技術除外という）。

*45*

ほかに「消尽」がある。特許の対象が部品であり、その部品をABC社自身が第三者に販売し、XYZ社がその第三者から購入して自社製品に組み込んだ場合、もはやその部品に特許の効力は及ばない。ABC社が第三者に部品を販売した時点で、特許の効力は「消え尽くした」という考え方である。

「自分はその特許の出願より前からその発明を実施していた」という「先使用権」がある場合も侵害にはならない。この場合、その特許を無効にしうるが、わざわざ無効にしなくても先使用権があれば十分ということもある。

特許を無効にできず、抗弁の余地もなければ、自社にカウンター特許がないか、クロスライセンスに持ち込めないか検討せざるをえない。それと同時に、とりあえず将来分について、製品の設計変更、生産地の変更、販売地の変更等が可能か検討をする。

どうしても手がなく、ライセンスを受け入れざるをえない場合、「ただでは起きない」姿勢が重要である。例えば、ライセンスと同時に技術供与、ノウハウ提供を受ける可能性を検討する。また、ABC社をOEM先とし、生産委託を受けることも考える。ほかにライセンシーが現れて、そちらのライセンス条件の方がよければ、自分もその条件に替えてもらう最恵待遇を得るよう努力する。改良特許を自ら取得し、相手と少しでも対等な立場に立つことも考える。

② 侵害していない場合

鑑定書を弁理士や弁護士から取得しておく。あとは相手の出方次第であるが、全く問題がないのであれば、交渉を打切る。相手が言いがかりをつけてきたり、営業妨害に及ぶ場合は、自分たちの非侵害を明らかにするために確認訴訟を起こす途もある。

なお、鑑定書で注意すべきは米国である。複数の専門家のうち、いずれか1つでも自分に不利な鑑定があるとする。心情として、それだけは伏せ、ほかの鑑定書を裁判所に出したくなる。しかしこの行為は許されない。出すならすべて出し、出さないなら1つも出さないということしか許されていない。

## 3.6 おわりに

　知的財産の紛争について概要を述べた。読者が知的財産紛争に関わることになったとしても，最善の措置がとれるよう，紛争処理のイメージをしていただければ幸いである。もちろん，知的財産の紛争には，法律的にも，場合により技術的にも，高度な判断が必要である。テーマに最適な専門家を選ばれ，日頃から相談をされることをお勧めしたい。

# 第4章
# アジア・中近東ビジネスの法務

## 4.1 アジアビジネスと法務

### 4.1.1 アジアビジネスにおける法務の重要ポイント概論

(1) アジア進出・展開にあたっての留意点

　アジア進出・展開の前提として理解しておく必要があるのは，一言で「アジア」といってもその文化・歴史・宗教などは多様であり，ビジネスに関しても日本のやり方を持ち込むことができないことはもちろん，他のアジアの国でのやり方がそのまま通用するわけではない点である。東南アジアだけでも10以上の国が存在し，法制度についても国や地域によって大きく異なっている。したがって，日系企業がアジアに進出・展開する場合には，進出・展開先の「現地の法制度」をはじめとする現地事情をよく理解することが必須となる。

　進出・展開先に現地のビジネスパートナーがいる場合には現地事情は比較的入手しやすいと思われるが，現地のビジネスパートナーは現地「実務」には精通していても，必ずしも現地の「法制度」に詳しいわけではない可能性がある点にも留意が必要である。実務上一般に行われていることが，実は法令違反の可能性が高いということはアジア諸国ではよく見られることであるため，アジアに進出・展開する日系企業は，コンプライアンスの観点から，「実務」だけでなく「法制度」に関する情報も把握しながらビジネスを進めていくことが求められる。

　また，アジアでビジネスを行う場合には，当然のことであるが言語の問題があることを理解しておく必要がある。現地従業員を採用する場合にはコミュニケーションをいかにとるかが重要となってくるし，現地従業員や現地企業との契約の

締結にあたっては「言語が理解できなかったので無効である」といった主張をさせないために現地語・英語（日本語）併記とすること等を検討する必要が出てくることとなる。さらに当然のことであるが各国の公的機関は原則として各国の公用語を用いるため、会社関係の登記等を行う場合には書面の準備は現地語で行わなければならないし、紛争となった場合でも各国の裁判所では書面のやり取り・尋問ともに現地語で行うことが通例であり、これらの現地語の内容をどのように正確に確認するかは日系企業に常につきまとう問題である。

アジアでのビジネスを組み立てるにあたっては、不要なストレスをためないためにも、上記のような様々なリスクが存在するということを所与の前提として進めることが望ましい。

(2) 日系企業のアジア進出・展開の目的

グローバル化を進める日系企業がアジアに進出・展開する目的は様々であるが、主なものとしては、①安価な人件費を背景とした生産拠点を設置する場合、②進出・展開先の市場としての重要性に着目して現地でビジネスを行う場合、③アジアの地域統括拠点を設置する場合が挙げられる。アジアのどの国に進出・展開するかは、これらの目的に応じて自ずと絞られてくることとなる。以下、中国、シンガポール、タイについて簡単にその特徴を述べる。

(3) 市場としての魅力を備えた中国

中国への進出は、かつては中国の安価な人件費を背景に生産拠点を求めて行われ、中国の現地法人に対する指示・管理は日本本社が主導して行う形態が多かったと思われるが、近年のトレンドとしては、中国が有する人口や中国人の購買力の上昇を踏まえ、中国の市場としての魅力に着目したビジネス展開が増えている。中国には優秀な人材も多いことから、これらの現地の人材を活かした現地法人の現地化が活発になっており、現地法人にある程度実質的な判断権限を与えながら、中国市場のニーズに対応した商品・サービスの開発・提供が行われるという方法が多くの企業で模索されている。

4.1.2では具体的な中国ビジネス法務の注意点を紹介する。

(4) 地域統括拠点としてのシンガポール，タイ

アジアの地域統括拠点の設置場所としては，シンガポールとタイ（バンコク）が候補に挙がることが多い。拠点の設置場所の検討にあたっては，①地の利（地理的な位置，空港の利便性，港湾設備の整備状況等），②ビジネスインフラ（優秀な人材，金融・サービス機能，法制度等）及び③各種政策（税制優遇措置，租税条約，FTA，汚職がなくクリーンであること等）などが重要なポイントとなる。

業界の傾向としては，一般には，金融・商社はシンガポール，自動車産業等の製造業はタイ（バンコク）に地域統括拠点を置くことが多いと思われる。

4.1.3，4.1.4では具体的なシンガポール及びタイビジネス法務の注意点を紹介する。

### 4.1.2　中国ビジネス法務の注意点

(1) 法令の整備・運用状況

中国（香港，マカオ等を除く。以下同様）の法体系は，基本的に大陸法系（ローマ法に起源を発する，ヨーロッパ大陸の法体系）を継受したものであり，一部では日本法や米国法の影響も見られる。法令には中央レベルのものと地方レベルのものがあり，現在では，かなり細かい内容まで成文法が整備されている。

もっとも，法令の具体的な運用は地方によって異なる場合もあるため，ビジネスのプランニングや許認可の申請等を行うにあたっては，まず成文法の内容を調査したうえで当局に照会するという手順を踏むのが一般的な実務となっている。

(2) 政治と司法

中国は，共産党による一党独裁の国である。一応，立法機関（人民代表大会），行政機関（国務院，地方政府），司法機関（人民法院）が分かれているものの，これらは互いに抑制関係にあるのではなく，すべて共産党の指導下にある。制度上，裁判官の職権行使の独立を含む司法権の独立は確保されておらず，個々の裁判に対して政治的な介入がなされることも多い。とりわけ，裁判所（人民法院）が地元の有力企業や有力者（これらは地元の共産党幹部と繋がっている）に有利な扱いをする傾向は「地方保護主義」と呼ばれ，以前から根強く存在する問題である。このような点から，中国では裁判所による裁判や執行が必ずしも公正になされな

い可能性がある点に注意を要する。

(3) 技術の漏洩

中国では，以前から，外資企業や外国企業が技術上の秘密を盗用されるという被害が後を絶たない。外国から技術を獲得して国内産業を高度化させることは中国の国策でもあるため，中国の行政機関や裁判所は，このようなケースで外資企業や外国企業を救済することにつき，一般に消極的である。自社の役員や従業員，製造委託先等，技術情報を開示する先との間では必ず秘密保持契約を締結したうえで，秘密保持のための事実上の措置（コア情報のブラックボックス化，情報へのアクセス制限，データファイルのパスワード保護等）を厳重に行うことが必要である。また，中国法上，リバースエンジニアリングによって得た情報は基本的に自由に使用することができるとされているため，これが問題となるような製品については，秘密保持契約においてリバースエンジニアリングによる情報取得を禁止するとともに，リバースエンジニアリングが困難になるような技術上の措置を施しておくことが望ましい。

もっとも，上記のような措置を採ったとしても，中国では，依然として技術漏洩のリスクが相当程度残る。そのため，漏洩した場合に大きな損害を被ることが予想される重要技術については，そもそも中国に持ち込まないことが肝要である。

(4) 商業賄賂

中国では，民間企業同士の贈収賄も「商業賄賂」として処罰される。すなわち，民間企業やその役員，従業員に対する過剰な接待や贈答は「商業賄賂」に該当し，その態様が比較的軽ければ不正競争防止法により，重ければ刑法により処罰される可能性がある。

それだけでなく，中国の「商業賄賂」には，日本法上の贈収賄の概念に入らない行為も含まれている。例えば，企業間における正当な売買であっても，商品の数量をおまけで（売買価格を変えずに）上乗せして引き渡すことは，「商業賄賂」に該当する。「商業賄賂」に関するルールは複雑であり，知らずに違法行為をしてしまい当局から処罰された日系企業も多数存在するので，十分に研究しておくことが重要である。

また，中国では近年，習近平政権の方針として，公務員による収賄事案の摘発が活発になされており（反腐敗運動），これに巻き込まれて贈賄側の民間企業が摘発されるケースも相次いでいる。公務員や国有企業従業員との付き合いについては，とりわけ慎重になることが必要である。

(5) 判決の相互執行と仲裁条項

　日本と中国の間では，裁判所による判決の相互執行が認められていない。すなわち，日本の裁判所の判決を中国で執行することはできず，中国の裁判所の判決を日本で執行することもできない。他方，日本も中国もニューヨーク条約の締約国であるため，仲裁の裁決については両国で執行することが可能である。そのため，日本法人と中国法人との間の契約においては，裁判所の管轄条項ではなく仲裁条項を定めるのが一般的な実務となっている。

### 4.1.3　シンガポールビジネス法務の注意点

(1) ビジネスフレンドリーな法制度

　シンガポール法は，契約法，不法行為法等の領域などで，旧宗主国である英国のコモンロー（判例法）の影響を強く受けており，1963年に英国から独立した後も，一部の制定法や英国のコモンローが，直接適用されている（英国法適用に関する法律（Application of the English Law Act, Chapter 7A of Singapore）参照）。また，シンガポールは，23区と同程度の面積734[1]平方キロメートル，東京都の半分程度の人口約592万人[2]の小さな国であり，資源がないことから外資を誘致できるよう，法規制も含め，ビジネスフレンドリーな事業環境を整えている。そのため，シンガポールでは，近代的な法律制度のもと，特段大きな法律上の問題点はあまり見受けられない。もっとも，その中でも文化の違いもあり，日本の企業や日本人にとってわかり難い点，留意すべき点はあり，以下，数点，紹介する。

---

1) https://www.singstat.gov.sg/find-data/search-by-theme/society/environment/latest-date
2) https://www.singstat.gov.sg/modules/infographics/population

(2) シンガポールの会社の役員

　シンガポールの企業の多くは，日本の株式会社に相当する株式会社の形態をとっているが，会社内の役員は，取締役（Director）の他に，会計監査を行う会計監査人（Auditor），会社法上要求される各種登録・届出・通知，株主総会の運営，議事録の作成・保管等に関する事務を行う会社秘書役（Corporate Secretary）とがあり，日本の株式会社の構成と多少異なっている。なお，取締役が複数いる会社と契約を締結する場合には，契約締結のサインをする取締役が取締役会から当該権限を授権されているか，取締役会決議書を確認することが慎重な対応となる。

(3) 契約上の問題

　前述のとおり，シンガポールの法律は，英国法系のものであり，その考え方が踏襲されている。例えば，約因（Consideration；対価類似の概念）がなければ契約の拘束力が認められないという考え方があり，そのため，贈与，第三者による保証・担保提供については，小額でも対価を設けるか，Deed という要式によることで，この問題を解決することになる。また，違約金や遅延利息，損害賠償額の予定の条項（Liquidated Damage Clause）については，その金額が現に予測される損害の範囲内でなければならないという考え方があり，それを超える場合には，執行力が認められないこととなるため，契約書にかかる条項を記載する場合には注意が必要となる。

(4) 担保の ACRA 登録

　シンガポールの会社法に基づき設立された会社の保有する土地，債権，子会社株式などに担保設定する場合には，日本でいうところの登記局にあたる Accounting and Corporate Regulatory Authority（ACRA）に当該担保設定から 30 日以内に登録を行う必要があり，かかる登録がなければ当該シンガポールの会社の清算人や他の債権者に対して，当該担保の効力を主張できないこととなる（シンガポール会社法 131 条 1 項）。

(5) 印紙税（Stamp Duty）

　シンガポールでの株式譲渡証書・不動産譲渡契約書，不動産賃貸契約書，抵当

*53*

権設定契約書などには、印紙税が課税される。かかる印紙税が支払われていない書類については、裁判上の証拠能力が認められない。また、株式については、印紙税の支払いが証明されないと会社にて株主の名義書換えを行ってもらえない場合がある。

### 4.1.4 タイビジネス法務の注意点

(1) タイの法制度の概要

タイは、タイ王国憲法のもとに、民商法典、民事訴訟法、刑法及び刑事訴訟法の4つの主たる基本法を有する大陸法系の国である。また、二国間又は多国間の協定や条約により規律されている。

(2) 外国人事業法による外資規制

タイには日本人にはなじみのない様々な外資規制があり、外資規制に関する重要な法律としては「外国人事業法」と「土地法」が挙げられる。

外国人事業法では、別表リスト1から3において外国人（外国企業）が行う事業が規制されており、この規制は純粋な製造業を除くほぼすべての業種に及んでいる。外国人がこの規制対象事業を実施するには、外国人事業法上の事業許可（Foreign Business License）や投資奨励法に基づく投資委員会（The Board of Investment；BOI）からの投資奨励恩典を取得するといった方法があるが、これら許認可等の付与に関しては当局に広い裁量が認められているため、許認可等の取得の可否やスケジュールの予測が困難なのが実態である。

外国人事業法における「外国人」とは、資本の2分の1以上にかかる株式が外国人（外国企業）により保有されている法人等を指す（外国人事業法4条）。逆にいえば、タイ資本が過半数となる場合には「外国人」でなくタイ人（タイ企業）と扱われ、実施する事業に対する外国人事業法上の規制がかからない。このため、日系企業がタイで会社を設立する場合には、①日系企業からの出資を50％未満に抑えて、利益の還流が小さくなる代わりに、外国人事業法による実施事業の規制を受けないタイ企業としてのメリットを享受するか、②日系企業からの出資割合を50％以上として、利益の還流を享受する代わりに、外国人事業法による規制のもとで許認可等を取得して（ただし取得の可否やスケジュールは上記のとお

り予測が困難である）制限された事業のみを実施するかの大きな選択を行う必要がある。

(3) 土地法による外資規制

もう1つの主な外資規制である土地法においては，外国人（外国企業）による土地所有が一般に規制されており，外国人（外国企業）が土地を保有するためには，原則として投資委員会（BOI）やタイ国工業団地公団（Industrial Estate Authority of Thailand；IEAT）から土地所有権の取得に関する許可等を得る必要がある。

土地法では外国人事業法と異なる「外国人」の定義が定められており，資本の49％超にかかる株式が外国人（外国企業）により保有されているか，又は，外国人株主が総株主数の過半数を占める場合には「外国人」とみなされる（土地法97条）。

タイに進出している企業の多くの資本割合が「日系企業49％：タイ企業51％」と設定されているのは，当該資本割合であれば外国人事業法上も土地法上もタイ人（タイ企業）と扱われ，事業の実施や土地の保有に制限が課されないと解されているからである。

(4) 進出形態

タイでビジネスを行う場合の事業体としては，個人事業主，パートナーシップ，支店，駐在員事務所，株式会社といった種類が考えられるが，ほとんどの企業が駐在員事務所又は株式会社（非公開会社）を選択する。

ただし，駐在員事務所は，外国会社がタイに有する非商業事務所と定義されている。駐在員事務所が実施可能な事業活動は，①本社がタイで買い付ける商品やサービスの供給源を発掘すること，②本社が製造を行うためにタイで購入した商品の品質及び数量をチェック並びに管理すること，③本社がタイの代理店又は消費者に販売する商品に関して，様々な面でアドバイスすること，④本社の新商品や新サービスについて情報発信すること，⑤本社に向けたタイのビジネスに関するレポートを作成することに限定されている。つまり，駐在員事務所は営業行為を含めた営利目的の事業活動ができず，タイで当該事業活動を行うための資金は全てその本社から受け取る必要があり，収益を生むことができない。したがって，

営業活動を行う場合は非公開会社を設立することが一般的な方法となる。

(5) 非公開会社の設立

非公開会社は，民商法典の規定に従って設立される。非公開会社の設立は，①商号予約，②基本定款の登記，③創立総会の開催，④設立登記という流れで進むが，すべての情報がそろっていれば②〜④を同日に行うことができるため，早ければ数日で会社設立することも可能となっている。

## 4.2 中近東ビジネスと法務

### 4.2.1 はじめに

本書初版から現在までの6〜7年のうちに，中近東におけるビジネス環境は目まぐるしい変化を遂げている。2020年9月にイスラエルとUAEやバーレーンが国交の正常化をしたことや，サウジアラビアを含む湾岸諸国では長年の課題となっていた脱石油の実現に向けて産業の多角化の具体的な施策が繰り広げられている。エジプトなど中近東や北アフリカに位置する国々では，欧米から帰国した優秀な若者が起業し，成長力あるビジネスを生み出している。こういった若者文化の浸透・デジタル化の推進・女性の社会進出などから，現地では日本企業にとってもチャンスとなる新たなビジネス環境が生まれている。中東地域は，これまで我々が中東という言葉から思い浮かべる天然資源開発のイメージとは異なる経済のフェーズに入ったと考えるべきだろう。

こうした背景を受けて本項では，今後成長が期待される中東において，イスラム社会の根幹をなす「シャリーア」(イスラム法)の概略を説明すると共に，シャリーアがビジネスに与える影響，また，中東の国々でよく使われるビジネス・モデルと法的観点を解説すると共に，それぞれの場面で注意しておきたい点にも触れる。

### 4.2.2 中東独特の法体系「シャリーア」の特徴とビジネスに与える影響

中東でビジネスをすると，国によって程度の差こそあれ，イスラム教の教えが，

経済や社会，日常の生活など至る所に影響を与えていることが分かる。中東進出を漠然と恐れる人々は，この馴染みのない生活文化圏およびビジネス環境で上手くやっていけるかという不安を持っているものと思われる。そこで，イスラム圏で生活をする現地の人々が常に意識をしている「シャリーア」とはどんな教えなのか，簡単に説明したい。

シャリーア（イスラム法）とは，イスラムの経典であるコーランや預言者の言行録，その他イスラム法学者の合意や類推などを併せた規範とされる。コーランはイスラム教徒にとっては拠り所であると同時に生活の規範であり，イスラム社会の根源とも言われる。20世紀初頭に世俗国家となったトルコを除いたほとんどの中東諸国では，現在でも，シャリーアを法源とする国内法が基礎となっている。

では，このシャリーアは現地でのビジネスにどれだけの影響があるのだろうか。実は，最もイスラム色が濃いとされるサウジアラビアであっても，シャリーアがビジネスに及ぼす影響は限定的である。サウジアラビアでは，シャリーア裁判所は原則としてほぼ全ての事案に関し管轄権を有するという建前であるが，実際には，シャリーア裁判所が取り扱う事件は，コーランに明確な定めがある婚姻や相続，特定の刑事事件やそれに起因する民事請求権のみである。他に，コーランに定めのある特徴的な禁止事項として，不確実性（保険や証券化商品），投機性（ディリバティブ取引や賭博），不当利得（銀行の利子）の禁止などがあり，金融に関わるものが多い（括弧内は禁止事項にあたると解されるものの例）。こういった背景から，シャリーアの教えに従った取引を可能にするために，イスラム金融は生まれ，急速に発展してきた。これらを除けば，純粋なビジネスの観点からは，シャリーアに過剰反応を示す必要はないだろう。ただ，サウジアラビアやオマーンなどで，明確な制定法がない事項について，予期せぬ場面で解釈がシャリーアに委ねられるといったこともあることから注意が必要である。いずれにしても，現地でビジネスを遂行するにあたっては，現地法の専門家によるチェックは不可欠である。

### 4.2.3 中東におけるビジネス・モデルと注意点

(1) 商業代理店

　先にも述べた通り，日本企業の中には，中東の馴染みのない生活文化圏やビジネス環境に不安を覚える人も少なくない。そのような中，現地に事業拠点を置かず，現地事情に精通した代理店を採用し商品を販売する企業も多い。しかしながら，中東の代理店法は独特なシステムであるということを知っておく必要がある。現地の代理店が保護される仕組みがあるからである。どのような点に注意を払えばよいのか，考えてみたい。

　多くの中東の国では，代理店は，現地国民であるか若しくは100％現地資本の会社であること，又は現地国民が過半数の株式若しくは持分を保有する会社でなければならない等の制限が定められている。また，国によっては，当局への代理店登録が義務付けられていたり，独占権のある代理店には特別高額な損害賠償請求権が与えられていたり，登録代理店以外のルートでの輸入は差止めの対象になることもある。特に，登録代理店や独占代理店との契約を終了する際には，非常に厳しい要件が課されると共に，契約終了ができたとしても代理店側から高額な補償金が要求されることが多い。さらに，独占代理店との間で解除をめぐる紛争が生じた場合，これが最終的に解決するまで，他の企業を代理店として登録できないこともある。これら代理店保護法の概念は，先に述べた，世俗主義を採っているトルコでも同様のことが言え，多くの中東の国で見られる。現地代理店と契約を締結する前，契約の更新時，そして終了時には，現地国の法規制の内容を詳細に調査する必要があるであろう。

(2) 現地拠点設立

　中東の国々には，現地で子会社，支店，駐在員事務所など事業拠点を設立する際に外資規制を課している国とそうでない国，また制限の仕方も様々であるが，外資規制は徐々に緩和されている状況にある。例えば，サウジアラビアでは，段階的に外資規制が緩和され，外国企業による保有が一切認められないネガティブリストに列挙される事業分野の他，一定の現地出資比率が求められる通信分野等一部の分野を除き，100％外国企業保有の現地会社の設立が可能となっている。

また，UAE では，外国企業が保有できる現地会社の株式は 49% までに限定されていたが，2020 年 9 月の商事会社法の改正により，かかる外資規制が撤廃され，2021 年 6 月から，一部の業種を除き，100% 外国企業保有の現地会社の設立が可能となった。現地子会社を設立する際には，自社の事業内容が保有制限の対象業種に該当するかを確認したうえで，必要に応じて，現地のパートナー企業を選定する必要がある。また，仮に，外国企業による過半数の出資が認められない分野に参入する場合，実務上，外国企業が経営のコントロールを維持するためには，定款に，株主総会は 52% 以上の株式を持つ株主が出席しなければ開催できないとか，経営上の重要事項に関しては過半数による多数決ではなく議決権の 3 分の 2 以上など特別決議を要するといった事項を盛り込むことを検討したい。

　なお，外資規制を回避する他の方法として，形式的に現地国民の名義を借りて契約し，対価を支払う代わりに，経営への関与や利益配当など株主権を放棄するといった仕組みが講じられることもあった。しかし，近年，こういった契約が無効と判断されたり，刑事罰や清算命令の対象になった事例もあり，年々厳しくなってきている。こういった国々では他の手段として，外資規制の適用されないフリーゾーンで 100% 外資の事業体を設立することも考えられるが，事業活動の範囲が限定的になることに注意が必要だ。

　なお，現地拠点設立にあたり，現地の税制も判断要素となり得るところ，UAE では基本的に法人税が徴収されていなかったが，2023 年 6 月 1 日以降に開始する事業年度から，小規模事業者やフリーゾーン企業等の一定の例外を除き，法人の課税所得に対して税率 9% の法人税が適用されることとなった点に留意が必要である。

(3)　出資，M&A

　中東の企業への出資又は M&A の件数は，米国，欧州及び東南アジアと比較すると少ないといえ，日本企業は現地に拠点を設立して事業拡大を検討することが多い傾向にある。一方で，その中でもイスラエルのスタートアップに対する日本企業の出資及び M&A は比較的多いといえ，昨今の中東情勢にもかかわらず，引き続き活発に投資が検討及び実行されている。イスラエルにおいては，一部の業種を除けば外国投資に関する一般的な規制は存在せず，また，投資契約を含む投

資関連書類も米国の実務において用いられている契約と共通する点が多いことから，イスラエルの投資における固有の法的な論点や手続は多くないと考えられる。イスラエル以外の中東の国々においても，基本的にはM&Aに関する手法が他国と大きく異なる点はなく，株式譲渡が一般的な手法として用いられているが，株式譲渡の様式・手続等については，国ごとの規制に留意する必要がある。例えば，UAEにおいてフリーゾーン外の有限責任会社の持分を譲渡するためには，別途アラビア語の略式持分譲渡契約書が必要となり，持分譲渡契約書が2ヵ国語（アラビア語と通常は英語）で作成されている場合，会社の既存株主と譲受人が公証人の面前で署名する前に，UAEで宣誓した翻訳者の認証を受ける必要がある等の特別な手続が必要となる場合があるため，現地の法務アドバイザーに手続を確認することが望ましい。

(4) 中東における紛争解決

中東でのビジネスを検討する際に，もう1つ不安材料として挙げられるのが，現地でトラブルになった場合に，法的な紛争処理はどのようになされるのか，外国企業に不利な判決や判断にならないか，といった点である。

中東の国々の中には，外国判決や仲裁判断の承認・執行が認められるかどうかの予測が立てにくい国もある。外国判決については，日本と中東の国々との間に外国判決の強制執行に関する協定が存在していないため，日本の裁判所が下した確定判決に基づいて中東の裁判所の承認を得て強制執行を行うことは一般的に難しく，日本の裁判所を紛争解決機関として合意することは必ずしも望ましいとはいえない可能性がある。一方で，仲裁判断については，多くの中東の国がニューヨーク条約に加盟しており，通常，仲裁地と執行地国がニューヨーク条約加盟国である限り，外国の仲裁判断が，相手国の裁判所によって承認・執行が可能とされている。かつては中東の裁判所において，外国仲裁判断に基づく強制執行が否定される例が見られた。近時は，例えばUAE（特にドバイ）の裁判所などは，外国仲裁判断に基づく強制執行を認める傾向にあり，外国仲裁判断に基づく強制執行が認められる例が増えている。また，フリーゾーン内の仲裁裁判所の活用も選択肢の1つである。この点について，ドバイ国際金融センター ロンドン国際仲裁裁判所（DIFC-LCIA）においては，国際標準に合わせる目的で法改正が行わ

れ，強制執行の予測可能性の高さからその利用件数は増加していたが，Decree No. 34/2021により，同仲裁センターは廃止され，現在はドバイ国際仲裁センター（DIAC）を中東地域における国際的商事紛争解決の選択肢の1つとして考慮すべきと考えられる。

### 4.2.4　おわりに

冒頭で申し上げたように，中近東のビジネス環境は，この6～7年の間に，随分と変わった。現地国は，着実に，ポスト石油となる次の産業をつくろうとしている。ただ，その間に，欧米からの投資も増え，競争が増していることも確かだ。すでに進出している大企業がこういった変化を捉えて新規事業に参入することへの検討もさることながら，近年，中小企業向けの優遇策も多いので，これらも活用し日本企業らしい進出方法を検討したいところだ。

# 第5章
# 国際ビジネス法務と労務
## ——海外出向など——

## 5.1 海外赴任で発生する労務問題への対応

### 5.1.1 海外赴任先でのトラブルに巻き込まれないために

　近時の国際化したビジネス社会においては，外国企業との交渉，海外におけるプロジェクト，従業員教育等のさまざまな目的で海外赴任が行われており，もはや海外赴任は企業における特別な部署・従業員のものではない。

　海外赴任が増えれば，現地でのトラブルに海外赴任者が巻き込まれる可能性も増加する。海外赴任者は，日本とは異なる環境のもとで就労するのであるから，現地の法律，商慣習，社会風俗，宗教，治安状況，社会的インフラの整備状況等についてある程度の知識を得ておかないと，思わぬトラブルに巻き込まれる可能性がある。

　日本ではあまり重視されない傾向にあった企業内での性別，年齢ごとの取扱いが，海外では，性差別，年齢差別として違法となり，訴訟等の法的トラブルに発展することもある。日本では何気なくなされている会話や言動が，現地ではセクシャルハラスメント，宗教，マイノリティーに関する問題に発展することもある。

　そこで，海外赴任者は，海外赴任にあたって，現地の法律，商慣習，風習，そして現地で「タブー」とされている事柄を十分勉強しておく必要がある。

　これらを海外赴任者個人で行うことには限界があり，海外赴任者を送りだす企業側が海外赴任者が安心して勤務できるよう十分なサポートをする必要がある。

## 5.1.2　海外赴任者の労務管理をどのように行うか

海外赴任の形態・名称は各企業で統一されているものではなく，企業ごとに「海外出向」，「海外駐在」，「海外出張」などと分類したり，中小企業では，国内の出張・出向の延長として位置づけていることも多い。

海外赴任が特別なものではなくなった今日，海外赴任は，企業内の人事制度の中に取り込んで公平・継続的な制度とする必要があるし，海外赴任において想定される諸問題についてはあらかじめ規定を設けておくべきである。

海外赴任者自身も，自社がどのような条件で自分を海外赴任させているのかを把握しておくべきである。海外赴任先の現地従業員にとっては，海外赴任者が如何なる地位・役割で赴任してきたのか，その待遇はどのようなものであるのかは，相応の関心事だからである（海外出向において，出向先である現地法人が出向費用を負担していればなおさらである）。

## 5.2　海外赴任に関する制度設計

### 5.2.1　海外赴任に関する規程を作成するにあたって検討すべき事項

(1)　海外赴任には，どのような種類があるのか

海外赴任と一言にいっても，商談，視察，自社製品の修理等のために数日間だけ海外勤務をする場合もあれば，現地の事業所・法人に本拠をおいて長期間の海外勤務を行う場合もある。

一般的な分類でいえば，海外赴任期間が短期の場合には「海外出張」，長期の場合には「海外派遣」とし，その中で海外の事業場が法人格を持たない場合を「海外駐在」，現地法人の指揮命令の下で勤務する場合を「海外出向」と分類することができ[1]，それぞれの取扱いについては「海外駐在規程」「海外旅費規程」等に規定することが考えられる。

---

1）山川隆一『国際労働関係の法理』（信山社，1999年）5頁，6頁参照。

(2) 海外赴任に関する規程では，どのような事項を定めるのか

　海外赴任を命じる前提として，労働契約書や就業規則で海外赴任を命じる根拠規定を設けておく必要がある。海外赴任の根拠規定に加えて，海外赴任に関する規程にはどのような事項を定める必要があるのかも確認すべきである。

　短期間の海外赴任しかない企業では，給与規程上に海外出張手当等の諸手当の規定だけが設けられていることもあるが，長期の海外赴任がある企業では，海外赴任用の規程で概ね以下の事項を定めている。

(a) 給与（賞与・退職金への通算），旅費等の手当
(b) 国内にいる家族も含めた福利厚生の内容
(c) 勤務日数・勤務時間
(d) 休日・休暇[2]
(e) 災害補償
(f) 表彰・懲戒
(g) 各種人事上の手続

　海外赴任に関する事項すべてを漏れなく規定することは困難であり，まずは上記(a)〜(g)を検討し，それ以外は日本の就業規則その他の人事諸規程と対比して，海外赴任者にそのまま適用すると不都合な条項をピックアップし，当該条項の適用除外規定や修正規定を海外赴任用の規程に盛り込んでいくのが簡便である。なお，海外赴任者の給与の決定方法は，別項（5.3参照）で説明する。

(3) 海外出向契約について

　海外出向の場合，海外出向者の労働条件は，日本本社にいたときの労働条件や，現地（海外赴任先）の同クラスの労働者の労働条件より優遇されていることも多い。

..........................................
2) 国・地域によっては，特定の曜日を「休日」としていることがある。イスラム圏で一般的な休日が金曜日とされていることが，休日割増賃金との関係で問題となった裁判例として日鯨商事事件（東京地判平成22年9月8日，労働判例1025号64頁）がある。

海外出向の場合には，海外出向者の割高な人件費について，日本本社と現地法人のどちらが，どの程度の割合で負担するのかを，日本本社と現地法人との間の出向契約で明記しておく必要がある[3]。また、海外出向者に複数の現地法人の業務を行わせる場合は，海外出向者に関する契約関係や身分を事前に整理しておく必要がある。

(4) 海外赴任者に日本の労働関係法規は適用されるのか

日本の労働関係法規は，労働者の労働時間，休暇，賃金等について詳細な規制を行っており，日本の労働関係法規が海外赴任者に適用されるとなれば，当然，海外赴任者用の規程は，上記適用法令に則った内容にしなければならない。そこで，海外赴任に関する規程を作成する際には，まず，日本の労働関係法規の適用があるのか，適用される場合，どのような規定が適用されるのかを確認しておく必要がある[4]。

① 労働基準法について

労働者の賃金，労働時間，休暇等の基本的な労働条件については，「労働基準法」（昭和22年法律49号，以下「労基法」という）が規制している。

労基法は，行政取締法規として，日本国内にある事業にのみ適用がある（属地主義）ので，海外の支店・出張所であって事業としての実態を備えるものについては適用されないが，海外での業務が，日本国内の事業に付随するもので，事業としての独立性を有しない場合には，国内事業と一体とみて労基法が適用される。

海外派遣労働者に対する労基法の適用に関する通達[5]でも，海外における日本の建設業者により土木建設工事が施工されている場合に，現地に派遣さ

---

3）企業と海外赴任者との労働契約関係において，日本（本国）と現地（海外赴任先）のいずれの労働契約法理が適用されるかという準拠法の問題については，第Ⅰ部2章及び小出邦夫編著『逐条解説　法の適用に関する通則法〔増補版〕』（商事法務，2015年）155頁以下参照。
4）海外における労働法の適用関係については，1）で挙げたもののほか、山口浩一郎監修『統合人事管理－グローバル化対応の法律実務』（経団連出版，2015年）がある。
5）昭和25年8月24日，基発776号。

れて作業する労働者に対して労基法の適用があるかという点について,「日本国内の土木建設事業が国外で作業を行う場合で当該事業場が一の独立した事業と認められない場合には,現地における作業も含めて当該事業に労働基準法は適用される」とし,独立した事業か否かの判断については「一切の工事が日本にある業者の責任において行われており,国外における作業場が独立した事業としての実態がないと認められる場合」[6]とされている。

したがって,海外赴任者が現地の支店・営業所で勤務しない場合や仮に勤務したとしても,当該支店・営業所が独立した業務を行っておらず,当該支店・営業所の業務が現地の責任ではなく,日本本社の責任と指示に基づいている場合,労基法の適用を受けることになる。そのような場合には,労基法の適用を受けることを前提に海外赴任者用の規程を作成する必要がある[7]。

② 労働者災害補償保険法について

「労働者災害補償保険法」(昭和22年法律50号,以下「労災法」という)においては,「海外出張」の場合には,日本の労災保険がそのまま適用され,当該出張者は当然に労災保険の給付を受けることができるが,他方,「海外派遣」の場合には,次の者に限って労災保険に加入(特別加入)できるとしている(労災法33条7号)[8]。

(a) 開発途上地域に対する技術協力の実施の事業を行う団体から派遣され,開発途上地域で行われている事業に従事する者

(b) 日本国内で行われる事業から派遣され,海外で行われる事業に従事する者

(c) 海外の中小事業の代表者として派遣される者

---

6) 厚生労働省労働基準局編『令和3年版 労働基準法(下)』(労務行政,2022年)1160頁。

7) 海外出張では,労基法38条の2の事業場外みなし労働時間制度を適用している企業もあるが,同制度は「労働時間を算定し難いとき」が要件である。近時,海外旅行派遣添乗員の事例ではあるが,上記要件の該当性を否定し,時間外労働の割増賃金請求を認めた判決(阪急トラベルサポート事件,最判平成26年1月24日,労働判例1088号5頁)があり,海外出張だからといって,当然に事業場外みなし労働時間制度が適用されるわけではない点に注意が必要である。

8)「海外派遣」と「海外出張」の区別については,厚生労働省労働基準局労災補償部労災管理課編『八訂新版 労働者災害補償保険法』(労務行政,2022年)638頁参照。

海外赴任に関する規程を作成する際には，労災法の適用について確認し，適用されない場合には任意保険の加入規定を設けるなどの措置を検討しておくことになる。

③　その他について

海外派遣[9]について，「労働者派遣事業の適正な運営の確保及び派遣労働者の保護等に関する法律」（昭和60年法律88号，以下「派遣法」という）では，国内法の規定のみでは派遣労働者の適正な就業の確保が困難となることから，国内の派遣元事業主に事前に届出をすることを義務づけるとともに（派遣法23条4項），派遣元事業主は海外派遣にかかる労働者派遣契約の締結に際し，労働者派遣契約に通常必要な事項の他に，派遣先が講ずべき措置等を定めなければならないとしている（派遣法26条3項）。

派遣労働者を雇用する派遣元事業主が，上記規制に合致した社内規程を作成しなければならないことは当然であるが，海外派遣を行う可能性がある派遣先は派遣法において，上記のような規制があることに留意しておくべきである。

## 5.2.2　運用にあたっての注意点

(1)　海外赴任命令の可否について

長期間の海外赴任を命じる場合，就業規則上に海外赴任を命じる旨の規定があるからといって，無条件に海外赴任が可能となるわけではない。

配転命令に関する判例（但し，国内配転の事例）は，企業に配転命令権があり，その命令に業務上の必要性があっても，それが本人に通常甘受すべき程度を著しく超える不利益を負わせるものである場合には，配転命令権の濫用になるとの立場である（東亜ペイント事件，最判昭和61年7月14日，判時1198号149頁）。

上記判例の基準からすれば，長期の海外赴任命令について，本人に持病があって現地では十分な治療ができない場合や，日本での常時介護が必要な家族がいる

---

[9] 労働派遣法では，「海外派遣」を「派遣労働者をこの法律の施行地外の地域に所在する事業所その他の施設において就業させるための労働者派遣」と定義している（労働派遣法23条4項）。「海外派遣」の該当性に関する説明は，労務行政研究所編『労働者派遣法』（労務行政，2013年）289頁，290頁参照。

場合，また，生命身体の危険が高い国や地域への赴任命令は，「通常甘受すべき程度を著しく超える不利益」があるとして，海外赴任命令が濫用と判断される可能性がある[10]。

また、海外出向に該当する場合には「使用者が労働者に出向を命ずることができる場合」でも、①出向の必要性、②対象労働者の選定に係る事情、③その他の事情に照らして権利濫用として無効となることがある（労働契約法14条）。

海外赴任を命じる場合には，事前に対象者に業務上の必要性を説明するとともに、本人や家族の状態を確認しておくべきである。

(2) 海外赴任が長期間に及ぶ場合の労務管理について

海外赴任が長期間に及ぶ場合，海外赴任者に対しては，事前に，海外赴任中の労働条件を説明し，同意を得ておくべきである。トラブル防止の観点からは，海外出向によって労働条件が大幅に変更となる場合や，海外赴任に関する規程について赴任期間中の変更が予想される場合には，変更条件を明記した同意書を作成しておくのが適切である。

昇給，賞与，昇進にあたって人事考課を行っている場合，海外赴任中の人事考課をどのような方式で，誰が行うのか，それをどのような基準で評価するのかを明確にしておく必要がある。海外赴任者に関する退職や懲戒解雇の手続を行う場合には，現地（海外赴任先）で行うのか，日本本社が行うのかも検討する必要がある。実務では，解雇等の重要な人事措置は日本本社が人事権を有していることが多く，トラブルとなった場合の準拠法や裁判管轄も踏まえて，いったん帰国させた上で日本本社で諸手続きを行うことが多い。

---

[10] 土田道夫『労働契約法 第2版』(有斐閣，2016年)853頁は，海外派遣型と海外出張型に分け，前者は労働者本人の同意を要し，後者（短期の海外出張）は危険な地域への出張など不利益性の大きいケースを除いては一方的な出張命令を可能としている。しかし，海外派遣型でも，就業規則等に命令権が明記され，その間の労働条件（労働者の利益）について規則等で相当程度の配慮がなされていれば，業務命令として合理性を有し，企業は海外赴任を命じられると考えるべきである。海外赴任を拒否する労働者の個別事情は，判例の基準（権利濫用性の判断）の枠内で斟酌すれば足りるだろう。

## 5.3 海外赴任者の給与について

### 5.3.1 海外赴任者の給与の決定方法

(1) 海外赴任者の給与について

海外赴任が短期間の場合には，海外出張旅費等の名目の手当が，（円で支払われる）月例賃金に上乗せして支給されることが多い。

他方，海外赴任が長期間に及ぶ場合には，現地に生活基盤をおくことになるため，海外赴任者の給与を，本国通貨で支払うか，現地通貨で支払うかという支払通貨の問題や，どのレベルの生活水準を想定して給与を支給するかという点について，あらかじめ検討しておく必要がある。

各企業においては，国際経済情勢・為替情勢に応じて海外赴任者の給与について，さまざまな制度の設計・改善を行っているが，どの方法が海外赴任者にとって有利かは，一概にはいえないところである。

給与の支給項目を基本給や各種手当ごとに分けて検討し，どの通貨で支給するかはそれぞれの支給意義から判断する（例えば，現地での生活費見合い分であれば現地通貨建てとし，海外赴任中も国内で継続的に発生する費用見合い分であれば円建てとする）というのが理論的であろうが，すべての給与項目の支給意義を上記のように区別することは困難である。

また，貨幣価値や物価に大幅な変動がある国・地域においては，そもそも現地通貨払いを採用できない（円建てやドル建てとしなければ海外赴任者の生活の安定が図れない）場合もあり，海外赴任者の給与の決定方法は，海外赴任者の生活と企業内における人事制度とのバランスを図ったうえで，不都合な点があれば適宜修正していくのが現実的である。

(2) 給与の決定方式について

長期の海外赴任中の給与の決定方法について，主要な方式を紹介する。

① **海外給与別建て方式**

国内給与を算定ベースとせず，現地の必要生計費を独自に把握してそれに

対応する金額を海外赴任中の給与として支給する方式であり，かつて大手総合商社が行う共同アンケートによる生活費調査に基づく支給方式が代表的なものである。

海外給与別建て方式における給与の具体的な決定方法は，海外赴任先で企業が妥当と判断する生活水準でモデルとなる標準的な勤務者とその帯同家族に要する1ヵ月の必要生活費を「標準生計費」とし，その金額を基礎に，海外赴任先での給与を決定する（現地での物価や世間相場が変動すれば，適宜金額調整を行う）というものである。

日本国内の給与水準が，海外の先進国の生活水準からすると相対的に低かった時代には，日本国内での給与をそのまま外貨換算すると，現地で標準的な生活を営むには不十分であった。そこで，海外赴任先でも一定の体面を保つことができる給与水準を確保することを目的とする海外給与別建て方式が，大企業を中心に多くの企業で採用されていった。

ただ，海外給与別建て方式は，標準生計費の算定にあたって膨大な事務作業を要するうえ，自社が想定する生活水準が果たして妥当なものであるかについて，実際に現地で生活するまで不明となる難点があった。

また，1980年代になると急激な円高状況が続いたことで海外赴任者の給与が目減りし，地域によっては国内給与の水準を下回るケースすら発生するなどの問題点も発生してきた。

② **購買力補償方式**

購買力補償方式は，国内で支給される基本給の中から税金や社会保険料等に充当される金額を除いた生計費に日本との物価差を反映する指数（生計費指数）と為替レートをかけて海外赴任中の給与を決定する方式である。

購買力補償方式は，本国（日本）での生活水準を海外赴任先でも維持するための方式であり，海外赴任者の給与を，海外赴任によって損も得もないように設計しようというものである。

外部機関が作成した客観的なデータを用いるため，海外赴任者の給与の金額設定に理論的な根拠があり，海外赴任者の納得を得やすいうえ，海外赴任先での生活費を算定する作業も不要というメリットがある。

今日では，多くの大企業が海外給与別建て方式（上記①）から購買力補償

方式に変更しているとされている。
③ **併用方式**
　併用方式とは，原則として国内給与を全額支給し，さらに海外生活費補助を加算支給するという方式である。日本での給与をそのまま全額支給したうえで，海外赴任に伴うコストを別途支給するという支給方法である。
　中小企業や，赴任期間が短期の海外赴任では，併用方式を基本として，為替レートによる修正を適宜行うことが簡便な支給方式として有効である。

(3) **海外赴任に伴う諸手当について**
海外赴任に伴う諸手当としては，次のようなものがある。

① **海外赴任（海外勤務）手当・滞在手当**
　海外赴任への意欲や，海外赴任中の従業員のモラル維持のために支給される海外赴任に関する一般的な手当である。
② **ハードシップ手当（特別地域手当）**
　自然的・社会的な環境が厳しい地域へ海外赴任させる場合，海外赴任者の肉体的・精神的な負荷に対する慰労を目的として支給される手当である。
③ **教育手当**
　家族帯同で海外赴任をした場合に，当該海外赴任者の子に要する教育費用に関する手当である。
　海外での教育費用として挙げられるものとしては，入学金，授業料，施設利用料，教科書等の教材費，スクールバス代等がある。また，現地校・国際学校に通学する場合には，日本語補習校の授業料も支給する場合がある。
　これらの教育費のうち，どの程度までを企業側で負担するかは，企業の事情によりさまざまであろうが，海外での教育を受けざるを得ないのは企業側の理由によるものであるから，海外赴任者ないしその子が望むレベルの教育ができるよう配慮すべきだろう。
④ **その他**
　家賃の急激な上昇がみられる地域では，住居費について補助が必要となる場合がある。海外赴任先での住居費について補助を行う場合には，補助金額

*71*

に上限を設けるか，補助の方法として，手当を支給するのか，それとも企業側で家賃を直接賃貸人に支払うのかについて，事前に検討しておくべきである（国・地域によっては，家賃の支払方法によって税法上の有利・不利がある）。

### 5.3.2 海外赴任者の給与を決定・変更する際の注意点

(1) 海外赴任中の生活費を賄える水準であること

特別の事情があるケースは別として，一般に海外赴任中の生活費は，海外赴任中に支給される給与で賄われるように設定すべきである。注意すべきは，給与を決定するにあたって念頭におくべき海外赴任者の「生活水準」は，どの程度のものを基準とすべきかという点である。

日本企業では，海外赴任を従業員の人材育成の一環として行う側面があるため，役職や給与がそれほど高くない若年層が海外赴任者となることも多く，海外赴任者の給与を本国（日本）の生活水準で決定すると，海外赴任先が欧米先進国である場合，現地の同僚・部下よりも給与額が低くなる可能性がある。だからといって，海外赴任先の生活水準を基準として給与を決定すると，赴任先の生活水準によって賃金額が左右されてしまい，海外赴任者間で著しい不公平が生じることになる。

海外赴任によって日本よりも生活水準が下がることは，海外赴任者のモチベーションを低下させるものであり避けるべきである。企業が業務命令として海外赴任を命じる以上，海外赴任先でも日本と同レベルの衣食住を確保でき，社会保障や医療も受けられる程度の処遇は確保する必要がある。

また，海外赴任者は，若年者であっても日本本社から特別に派遣される社員であり，相応の体面・生活を維持できる処遇とすべきである。

海外赴任者の給与を決定するにあたって想定すべき「生活水準」としては，まずは，日本国内での生活水準を海外赴任先でも維持させる（そのために必要な費用は会社が負担する）ことを最低条件とし，そのうえで，海外赴任先において日本からの海外赴任者としての体面を維持できる程度の生活水準を基準とし，それを維持させる（そのために必要な費用は会社が負担する）のが適切だろう。

(2) 海外赴任を人件費コストに見合うものにすること

海外赴任に要する費用は，海外赴任者に支給する給与に加えて，移動費，各種手続費用等までを含めると，相当な金額に及ぶ。海外赴任者に与えられている高い処遇が，現地で同様の業務を行っている現地採用者にとって不公平感ないし不満として蓄積する可能性もある。海外赴任させるコストに見合ったメリットがあるのかについては，関係部署や現地法人等を含めて事前に意見調整しておいた方がよい。

(3) 海外赴任に関する各種制度間の均等に配慮すること

一般の企業では，長期間の海外赴任については特別規程を設けたうえで，国内の労働者とは異なる処遇とする一方，短期間の海外赴任（海外出張）については一時的・定額の手当を月例賃金に加算することのみで対応していることも多い。

海外赴任に関する処遇を期間で区別する場合，基準としてどの程度が適切かは，企業における海外赴任の実態や労働者側が受ける負荷の内容によって事情が異なるが，制度間で処遇に不公平が生じないようにすべきである。

(4) 就業規則の不利益変更の問題に注意すること

海外赴任者に適用される規程の中で，労働条件に関する部分を労働者側に不利益に変更する場合，いわゆる就業規則の不利益変更の問題となる。

就業規則の不利益変更に関しては，最高裁の判例が集積しており，労働契約法でも明文化されているが（同法9条，10条），具体的にどのような場合に就業規則の不利益変更が有効となるのかは，最終的には司法判断によることとなる。

判例は，賃金が労働者にとって重要な権利・労働条件であり，これに実質的な不利益を及ぼす就業規則変更には，「高度の必要性に基づいた合理的な内容のものである場合において，その効力を生ずる」としているため，海外赴任者の給与の不利益変更には，とくに慎重な判断が必要であり，海外赴任者からの反対が予想される場合には，経過措置や代償措置を併せて検討すべきである。

## 5.4　海外赴任に関するその他の問題について

### 5.4.1　企業の安全配慮義務について

　企業は，労働者の生命・身体等の安全を確保するために必要な配慮を行う義務（安全配慮義務）を負っている（労働契約法5条）。

　海外赴任を命じるにあたっては，赴任先での安全確保について，労働者任せとするのではなく，企業側でも調査・サポートを行う必要がある。また，そもそも生命・身体の危険があるような地域への海外赴任はできるだけ避け，仮に海外赴任者の生命・身体に危険が生じた場合，すぐに帰任命令を行うべきである。

### 5.4.2　海外赴任者の過重労働・メンタルヘルス問題への対処について

　企業は，海外赴任者の過重労働・メンタルヘルス問題についても十分な配慮を行う必要がある。

　近時の海外赴任者は，指導者・監督者，ときには現地法人の経営者として派遣されることも多く，その場合，相応の指導・管理能力や現地法人の経営能力と成果達成が求められ，そのストレスは相当であろう。実際，海外赴任先での過重業務や，度重なる海外出張による疾患・死亡が労働災害と認められた裁判例もある。

　海外赴任者に対しては，海外赴任の前後に十分な休養を与えると共に，海外赴任先においても，長時間勤務が続くことのないよう適切な労務管理を行う必要がある。また，労働安全衛生規則45条の2が定める海外赴任者の事前及び帰国後の健康診断は必ず実施し，上記規定に該当しないケースでも，海外赴任前や一時帰国の際には，できるだけ健康診断を受診させるべきである。

### 5.4.3　人事・労務に関する文書作成・翻訳について

　海外赴任者の人事労務に関する文書を作成したり，海外赴任先での労務トラブル対応のために日本の人事制度を説明する場合には，翻訳の手間と費用が大きな負担になることがある。

　この点で参考となる資料を紹介すると，外国語での文書作成や翻訳においては，厚生労働省から「外国人向けモデル労働条件通知書」[11]や「労働条件ハンド

ブック」[12]が公開されており，英語以外にも中国語やスペイン語等のものがある。

　また，海外赴任者が現地で労務トラブルを起こした場合，現地の弁護士に日本の労働法制や人事制度を説明する際には，厚生労働省が日本の労働法制や判例を整理した「雇用指針」[13]の英訳版が参考になる。

..................................
11）厚生労働省「外国人向けモデル労働条件通知書」（英語）
　　https://www.mhlw.go.jp/new-info/kobetu/roudou/gyousei/kantoku/dl/040325-4.pdf
12）厚生労働省「労働条件ハンドブック」https://www.mhlw.go.jp/content/11200000/001260053.pdf
13）厚生労働省「雇用指針英訳【概要】」https://www.mhlw.go.jp/stf/seisakunitsuite/bunya/0000042687.html

## ■厚生労働省「外国人向けモデル労働条件通知書」(英語)

(For General workers; Permanent, fixed-term employment)
(一般労働者用:常用、有期雇用型)

### Notice of Employment
### 労働条件通知書

Date: _____
年月日

To: _____ 殿
Company's name _____
事業場名称（ローマ字で記入）
Company's address _____
所在地（ローマ字で記入）
Telephone number _____
電話番号
Employer's name _____
使用者職氏名（ローマ字で記入）

I. Contract period
   契約期間
   Non-fixed, ☐   Fixed*☐   (From          to          )
   期間の定めなし   期間の定めあり（※）（  年  月  日  ～  年  月  日  ）
   * Please fill out the following fields if you have selected "Fixed" for the "Contract period".
   ※以下は、「契約期間」について「期間の定めあり」とした場合に記入
   1. Contract renewal
      契約の更新の有無
      [Automatic renewal☐ Possible renewal☐ No renewal☐ Others☐(       )]
      [自動的に更新する・更新する場合があり得る・契約の更新はしない・その他（   ）]
   2. Renewal criteria
      契約の更新は次により判断する。
      ┌ ・Workload at the end of the contract period☐ ・Work performance and attitude☐ ・Competence☐
      │ ・契約期間満了時の業務量       ・勤務成績、態度       ・能力
      │ ・Company's business conditions☐ ・Progress of the work engaged in☐
      │ ・会社の経営状況        ・従事している業務の進捗状況
      │ ・Others☐(            )
      └ ・その他☐(                       )
   3. Renewal limit (No limit☐ Limit☐(Up to    renewal times/Total contract period up to    years))
      更新上限の有無（無・有（更新  回まで／通算契約期間  年まで））
      [In the case of conclusion of a fix-term labour contract with the same company that exceeds a total contract period of
      5 years as stipulated in the Labour Contract Act]
      【労働契約法に定める同一の企業との間での通算契約期間が5年を超える有期労働契約の締結の場合】
      During this contract period, you may apply to the company for an indefinite-term labour contract (without a fixed term).
      If your application is accepted, your employment will be converted to an indefinite-term labour contract from the day
      following the last day of the current contract period (year    /month    /day    ). In this case, indicate whether or not there is a
      change in working conditions from this contract (No☐/ Yes☐(as attached)).
      本契約期間中に会社に対して期間の定めのない労働契約（無期労働契約）の締結の申込みをすることにより、本
      契約期間の末日の翌日（  年  月  日）から、無期労働契約での雇用に転換することができる。この場合の本契約
      からの労働条件の変更の有無（ 無 ・ 有 （別紙のとおり））

      ┌ [In the case of employees eligible for an exception under the Act on Special Measures for Fixed-term contract workers
      │  with specialized knowledge, etc.]
      │ 【有期雇用特別措置法による特例の対象者の場合】
      │ Period in which the right to apply for conversion to indefinite term status is not granted:
      │ I (highly skilled professional), II (elderly person after retirement age)
      │ 無期転換申込権が発生しない期間：I（高度専門）・II（定年後の高齢者）
      │ I. Period from beginning to end of specific fixed-term task (       months from _____ [maximum of 10 years])
      │    I 特定有期業務の開始から完了までの期間（    年    か月（上限10年））
      │ II. Period of continuous employment after reaching mandatory retirement age
      └ II 定年後引き続いて雇用されている期間

II. Place of Employment
    就業の場所
    (Immediately after hiring)      (Scope of change)
    （雇入れ直後）                    （変更の範囲）

III. Job duties
     従事すべき業務の内容
     (Immediately after hiring)      (Scope of change)
     （雇入れ直後）                    （変更の範囲）

     ┌ [In the case of employees eligible for an exception under the Act on Special Measures for Fixed-term contract workers
     │  with specialized knowledge, etc. (highly skilled professional)]
     │ 【有期雇用特別措置法による特例の対象者（高度専門）の場合】
     │ ・Specific fixed-term task(        Start date:              End date:              )
     └ ・特定有期業務（            開始日：                完了日：              ）

(Continued on next page)
（次頁に続く）

第 5 章　国際ビジネス法務と労務——海外出向など——

IV. Matters regarding Opening and closing time, Break time, Change in shifts, and Overtime (circle one that applies from (1) to (5))
始業、終業の時刻、休憩時間、就業時転換 ((1) ～ (5) のうち該当するもの一つに○を付けること。)、所定時間外労働の有無に関する事項

Opening and closing time:
始業・終業の時刻等

1. (1) Opening time (　　　　　) Closing time (　　　　　)
  (1) 始業 (　時　分) 終業 (　時　分)
  [If the following systems apply to workers]
  【以下のような制度が労働者に適用される場合】
  (2) Irregular labor system, etc.: Depending on the following combination of duty hours as an irregular (　　) unit work or shift system.
  (2) 変形労働時間制等；(　　) 単位の変形労働時間制・交代制として、次の勤務時間の組み合わせによる。

  ┌ Opening time (　　　) Closing time (　　　) (Day applied:　　　　)
  │ 始業 (　時　分) 終業 (　時　分) (適用日　　　　)
  │
  ├ Opening time (　　　) Closing time (　　　) (Day applied:　　　　)
  │ 始業 (　時　分) 終業 (　時　分) (適用日　　　　)
  │
  └ Opening time (　　　) Closing time (　　　) (Day applied:　　　　)
    始業 (　時　分) 終業 (　時　分) (適用日　　　　)

  (3) Flex time system: Workers determine opening and closing time.
    フレックスタイム制；始業及び終業の時刻は労働者の決定に委ねる。
    [However, flex time: (opening) from (　　　) to (　　　);
    (ただし、フレキシブルタイム (始業)(　)時(　)分から(　)時(　)分、
    (closing) from (　　　) to (　　　),
    (終業)(　)時(　)分から(　)時(　)分、
    Core time: from (opening) (　　) to (closing) (　　)]
    コアタイム (　)時(　)分から(　)時(　)分)
  (4) System of deemed working hours outside workplace: Opening (　　　) Closing (　　　)
    事業場外みなし労働時間制；始業 (　時　分) 終業 (　時　分)
  (5) Discretionary labor system: As determined by workers based on opening (　　　) closing (　　　)
    裁量労働制；始業 (　時　分) 終業 (　時　分) を基本とし、労働者の決定に委ねる。
    ○ Details are stipulated in Article (　　), Article (　　), Article (　　) of the Rules of Employment
    詳細は、就業規則第 (　)条～第 (　)条、第 (　)条～第 (　)条、第 (　)条～第 (　)条

2. Rest period (　　) minutes
  休憩時間 (　　) 分
3. Presence of overtime work (  Yes:☐ No:☐ )
  所定時間外労働の有無 ( 有 . 無 )

V. Days off
休日
  • Regular days off: Every (　　　), national holidays, others (　　　　　)
    定例日；毎週 (　) 曜日、国民の祝日、その他 (　　　　　)
  • Additional days off: (　　) days per week/month, others (　　　　　)
    非定例日；週・月当たり (　) 日、その他 (　　　　　)
  • In the case of irregular labor system for each year: (　　) days
    1年単位の変形労働時間制の場合一年間 (　　) 日
    ○ Details are stipulated in Article (　　), Article (　　), Article (　　) of the Rules of Employment
    詳細は、就業規則第 (　)条～第 (　)条、第 (　)条～第 (　)条、第 (　)条～第 (　)条

VI. Leave
休暇
1. Annual paid leave: Those working continuously for 6 months or more, (　　) days
  年次有給休暇　　6か月継続勤務した場合→(　) 日
          Those working continuously up to 6 months, (  Yes:☐ No:☐ )
          継続勤務 6 か月以内の年次有給休暇 ( 有 . 無 )
          → After a lapse of (　　) months, (　　) days
            (　) か月経過で (　) 日
          Annual paid leave (in hours) ( Yes:☐ No:☐ )
          時間単位休 ( 有 . 無 )
2. Substitute days off ( Yes:☐ No:☐ )
  代替休暇 ( 有 . 無 )
3. Other leave: Paid  (　　　　　　　)
  その他の休暇　有給 (　　　　　　　)
          Unpaid (　　　　　　　)
          無給 (　　　　　　　)
    ○ Details are stipulated in Article (　　), Article (　　), Article (　　) of the Rules of Employment
    詳細は、就業規則　第 (　)条～第 (　)条、第 (　)条～第 (　)条、第 (　)条～第 (　)条

(Continued on next page)
(次頁に続く)

VII. Wages
   賃金
1. Basic pay (a) Monthly wage (           yen) (b) Daily wage (           yen)
   基本賃金   月給 (           円)         日給 (           円)
           (c) Hourly wage (           yen)
            時間給 (           円)
           (d) Payment by job (Basic pay:           yen; Security pay:           yen)
            出来高給（基本単価           円、保障給           円）
           (e) Others (           yen)
            その他 (           円)
           (f) Wage ranking stipulated in the Rules of Employment
            就業規則に規定されている賃金等級等
2. Amount and calculation method for various allowances
   諸手当の額及び計算方法
   (a) (           allowance:           yen; Calculation method:           )
       (           手当           円／ 計算方法：           )
   (b) (           allowance:           yen; Calculation method:           )
       (           手当           円／ 計算方法：           )
   (c) (           allowance:           yen; Calculation method:           )
       (           手当           円／ 計算方法：           )
   (d) (           allowance:           yen; Calculation method:           )
       (           手当           円／ 計算方法：           )
3. Additional pay rate for overtime, holiday work or night work
   所定時間外、休日又は深夜労働に対して支払われる割増賃金率
   (a) Overtime work: Legal overtime  60 hours or less per month (     ) %  over 60 hours per month (     ) %  Fixed overtime (     ) %
       所定時間外        法定超      月 60 時間以内 (     ) %       月 60 時間超 (     ) %       所定超 (     ) %
   (b) Holiday work:   Legal holiday work (     ) %          Non-legal holiday work (     ) %
       休日             法定休日 (     ) %                     法定外休日 (     ) %
   (c) Night work (     ) %
       深夜 (     ) %
4. Closing day of pay roll : (     ) - (     ) of every month; (     ) - (     ) of every month
   賃金締切日              (     ) - 毎月 (     ) 日、 (     ) - 毎月 (     ) 日
5. Pay day :              (     ) - (     ) of every month; (     ) - (     ) of every month
   賃金支払日              (     ) - 毎月 (     ) 日、 (     ) - 毎月 (     ) 日
6. Method of wage payment (                        )
   賃金の支払方法 (                        )

┌──────────────────────────────────────────────────────────────────────────────┐
│ 7. Deduction from wages in accordance with labor-management agreement: [No:☐]    Yes: (☐           )] │
│    労使協定に基づく賃金支払時の控除 ( 無 、 有 (                    )) │
│ 8. Wage raise:    (Yes:☐(Time and amount, etc.           ); No:☐) │
│    昇給              ( 有 (時期、金額等           )、 無 ) │
│ 9. Bonus:         (Yes:☐(Time and amount, etc.           ); No:☐) │
│    賞与              ( 有 (時期、金額等           )、 無 ) │
│ 10. Retirement allowance: [Yes:☐(Time and amount, etc.           ); No:☐ ] │
│    退職金              ( 有 (時期、金額等           )、 無 ) │
└──────────────────────────────────────────────────────────────────────────────┘

VIII. Items concerning retirement
   退職に関する事項
1. Retirement age system  (Yes:☐(           years old) ; No:☐)
   定年制                  ( 有 (           歳)、 無 )
2. Continued employment scheme  (Yes:☐(Up to           years of age); No:☐)
   継続雇用制度              ( 有 (           歳まで)、 無 )
3. Start-up support measures (Yes:☐(outsourcing/social contribution projects until age of           ); No:☐)
   創業支援等措置 ( 有 (           歳まで業務委託・社会貢献事業)、 無 )
4. Procedure for retirement for personal reasons (Notification should be made no less than (     ) days before the retirement)
   自己都合退職の(退職する(     )日以上前に届け出ること)
5. Reasons and procedure for the dismissal:
   解雇の事由及び手続
   [                                                                                                      ]

   ○ Details are stipulated in Article (     ), Article (     ), Article (     ) of the Rules of Employment
     詳細は、就業規則第 (   ) 条～第 (   ) 条、第 (   ) 条～第 (   ) 条、第 (   ) 条～第 (   ) 条

(Continued on next page)
(次頁に続く)

# 第5章 国際ビジネス法務と労務——海外出向など——

IX. Others
　その他
- Joining social insurance [Employees' pension insurance; Health insurance; Employees' pension fund; others: ( 　　　　　)]
　社会保険の加入状況（ 厚生年金　健康保険　厚生年金基金　その他（ 　　　　　 ））
- Application of employment insurance: (Yes:☐ 　No: ☐ )
　雇用保険の適用 （ 　有 　．　 無 　）
- Small and medium-sized enterprise retirement allowance mutual aid scheme
　中小企業退職金 共済制度
　(Participating:☐, Not participating:☐) (*In the case of SMEs)
　（加入している 　． 　加入していない）（※中小企業の場合）
- Corporate pension scheme (Yes:☐ (name of scheme: 　　　　　); No: ☐)
　企業年金制度（ 有（制度名 　　　　　） ． 　無 ）
- Consultation office for items concerning improvement of employment management, etc.
　雇用管理の改善等に関する事項に係る相談窓口
　　Name of office ( 　　　　) Person in charge ( 　　　　　) (Tel. No. 　　　　　)
　　部署名（ 　　　　） 担当者職氏名（ 　　　　　） 　（連絡先 　　　　　）
- Others
　その他

*The following is an explanation of the case where "Contract period" is set to "Fixed".
※以下は、「契約期間」について「期間の定めあり」とした場合についての説明です。
Pursuant to Article 18 of the Labour Contract Act, if the contract period of a fixed-term labour contract (starting on or after April 1st 2013) exceeds a total of five consecutive years, such employee shall be converted to an indefinite-term labour contract from the day following the last day of the current contract period by applying by the end of the labour contract period. However, if the employee is eligible for an exception under the Act on Special Measures for Fixed-term contract workers with specialized knowledge, the occurrence of the right to apply for conversion to an indefinite-term labour contract will be as specifically stated in the "Contract period" section of this notification under the "In the case of employees eligible for an exception under the Act on Special Measures for Fixed-term contract workers with specialized knowledge, etc" column.
労働契約法第18条の規定により、有期労働契約（平成25年4月1日以降に開始するもの）の契約期間が通算5年を超える場合には、労働契約の期間の末日までに労働者から申込みをすることにより、当該労働契約の期間の末日の翌日から期間の定めのない労働契約に転換されます。ただし、有期雇用特別措置法による特例の対象となる場合は、無期転換申込権の発生については、特例的に本通知書の「契約期間」の「有期雇用特別措置法による特例の対象者の場合」欄に明示したとおりとなります。

In addition to the above, the company's employment regulations shall apply.
Where and how to check the work regulations ( 　　　　　　　　　　　　 )
以上のほかは、当社就業規則による。就業規則を確認できる場所や方法（ 　　　　　　　　　　 ）

* The issuance of this Notice shall clearly specify working conditions stipulated in Article 15 of the Labour Standards Act and shall also serve as the issuance of documents pursuant to Article 6 of the Act on Improvement etc. of Employment Management for Part-Time Workers (Part-time/fixed-term employment labour law).
※本通知書の交付は、労働基準法第15条に基づく労働条件の明示及び有期雇用労働者の雇用管理の改善等に関する法律（パートタイム・有期雇用労働法）第6条に基づく文書の交付を兼ねるものであること。
* The notice on labour conditions should be retained for the purpose of preventing any possible disputes between employees and an employer.
※労働条件通知書については、労使間の紛争の未然防止のため、保存しておくことをお勧めします。

79

■厚生労働省「雇用指針英訳【概要】」

## Employment Guidelines

### Purpose

- The purpose of the "Employment Guidelines" is to help newly created enterprises, global companies and others to accurately understand employment rules in Japan, to improve foreseeability and to make it easier to expand business without giving rise to labor-related disputes. The Guidelines are based on analyses and categorization of judicial precedents concerning labor relations, in line with Article 37 Paragraph 2 of The National Strategic Special Zones Act (Act No 107, December 13, 2013).
- The Employment Guidelines should take account of opinions from both sides (i.e. employers and employees), and should be based on consultation with the National Strategic Special Zones Advisory Council.
- The Guidelines will be used by "Employment and Labor Advisory Centers" set up in National Strategic Special Zones, to assist in providing advice on employment management and labor contract issues in response to inquiries from global companies and other entities and persons, including employees.

## Employment Guidelines

### Basic Policy

- So that global companies and other entities can accurately understand employment rules in Japan and to improve foreseeability, the Employment Guidelines will be drafted according to the following policies.

1. As a "Introduction" of "case law analysis", even for rules that are applied similarly from case to case, the Employment Guidelines will point out (*3) that in individual judgments the courts sometimes take account of differences as to the situation of (a) personnel management of an "internal labor market type" (*1) often seen in typical Japanese companies and (b) personnel management of an "external labor market type" (*2) often seen in foreign-capital companies and newly created companies not premised on a system of long-term employment. Moreover, the situation of dispute resolution for cases of employment dismissal in Japan will also be introduced.

    *1  (i) new school graduates are recruited and hired periodically; no limit on job duties and working location; long-term employment; promotions and pay raises under personnel and wage systems that take account of the progress of skill levels and accumulation of experience, (ii) wide-ranging transfers and secondment, (iii) establishment of working conditions in detail through rules of employment, (iv) in times of recession, employment adjustments made by reducing overtime work, reducing new recruitment, temporary shutdowns and secondment, etc. In cases of employment termination, voluntary early retirement to be offered before carrying out adjustment dismissal.

    *2  (i) When a post becomes vacant, it is filled through open recruitment within the company and mid-career hiring from outside; long-term continuous employment is not a prerequisite; wages based on job, (ii) clear job duties; narrow scope of personal relocation, (iii) working conditions are set in detail for each worker individually in labor contracts, (iv) when a worker is employed for a specific post, the worker is dismissed when the post becomes redundant, after receiving monetary compensation combined with job-search support.

    *3  The respective characteristics of "internal labor market type" and "external labor market type" companies mentioned above are at most a generalization; the combination of characteristics may differ according to the actual situation of individual companies. For example, an "internal labor market type" company may practice personnel management resembling that of an "external labor market type" company, depending on the department or post. It is not necessarily that the general rule is to pick one or the other.

2. In "Detailed Analysis", case law will be categorized, mainly around topics that are of keen interest for global companies and other entities, and topics prone to disputes. Related legal systems and judicial precedents will be introduced.

3. On the subject of "Dismissal", the most disputed area in labor relations, the Employment Guidelines will advise that in order to prevent disputes from occurring, an "external labor market type" company should include the grounds for dismissal, dismissal procedures, appropriate payment, job-search support, etc. in their labor contracts or rules of employment, and carry out such measures in accordance with these when dismissing appropriately paid employees in managerial or highly specialized positions.

80

# Content of Employment Guidelines

## I. Introduction

- In some court cases, judgments take account of differences in personnel management between the "internal labor market type" often seen in typical Japanese companies and the "external labor market type" often seen in foreign-capital companies and other entities.
1. In "internal labor market type" companies, transfer or secondment undertaken by the employer does not usually constitute abuse of personnel rights, while on the other hand, efforts to avoid dismissal (such as the broad use of transfers) tend to be expected of employers..
2. In "external labor market type" companies, if monetary compensation and job-search support (retirement packages) are provided upon dismissal, the expectation that employers will endeavor to avoid dismissal (such as the broad use of positional transfers) tends to be smaller than in "internal labor market type" companies.

## II. Detailed Analysis

1. Establishment of Labor Contracts
   1. Freedom of hiring
   2. Withdrawal of a tentative job offer
   3. Probationary Period
2. Development of Labor Contracts
   1. Setting and changing working conditions
      1. By individual agreement
      2. By rules of employment
   2. Transfer(redeployment)
   3. Secondment (transfer to related firms)
   4. Discipline (disciplinary action)
   5. Disciplinary dismissal
3. Termination of Labor Contracts
   1. Dismissal
   2. Ordinary dismissal
      1. Dismissal due to inability to provide labor
      2. Dismissal due to lack of skills, insufficient performance, inappropriate attitude or lack of aptitude attitude
      3. Dismissal due to violation of workplace discipline or neglecting duties
   3. Adjustment dismissal
      1. Necessity to reduce the number of employees
      2. Duty to endeavor to avoid dismissal
      3. Validity of selection of employees to be dismissed
      4. Validity of procedures
   4. Restrictions on dismissal when for special reasons
   5. Encouragement of voluntary retirement
   6. Termination of employment by non-renewal of fixed-term contracts
   7. Withdrawal of voluntary retirement
   8. Duty of non-competition after retirement

*81*

# 第Ⅱ部 貿易実務

# 第1章
# 輸出入の流れと法規制

## 1.1 はじめに

　日本は四方を海に囲まれた島国であり海外との貿易が日本にとって重要であることに疑問の余地はない。このように貿易の重要性は高い一方で，貿易実務については，必ずしも重要性に比例しているわけではなく，とっつきにくかったと思われる。
　第Ⅱ部では，これから海外取引に携わる，あるいはもう一度貿易実務の整理が必要と思われる法務パーソンに対して，貿易取引の実務についてさまざまな実例を示しながら説明したい。

## 1.2 取引の対象となる製品，商品について「よく」知る

　まず自分自身が扱う製品や商品が何であるかを知ることは重要だ。
　取引される製品の特質，性状，品質を知らずに，保証，輸送方法，関税，輸出入管理等の条件を含む契約書の雛形を安易に提示するのは，円滑な取引を進めるどころか，かえってリスクを増す結果になる。例えば，雛形の保証条件が比較的緩い条件だったため，その後精密機器の性能に関して相手からクレームがきて，そのような保証条件では耐えられず多くの負担を強いられることもあるだろう。貿易実務の出発点としては，まず「製品とはどのようなものか」を知ることである。扱う製品や商品が，原材料か，中間財か，製品か，また，製品でもプラント機器かにより契約条件や貿易条件もおのずと異なるのは自明である。
　改めて自分が取引する製品や商品が一体何であるかを「よく」知ることが貿易

取引の実務や契約実務への第一歩である。

## 1.3 輸出入の現場を見る

　筆者は過去，しばしば港まで出かけ，実際に製品や商品が船積される現場を見てきた。これは単に製品や商品の船積が着実になされたのかを検査するだけではなく，現場を見ておくことが貿易取引をイメージするに資すると考えたからである。

　なぜならば，現場観察は，インコタームズ®（Incoterms®；International Commerce Terms）という取引条件（第4章4.2参照）を知るには最もよいからだ。このインコタームズ®には，さまざまな引渡の約束事があるが，代表的な引渡条件として「FOB」がある。FOBとは"Free on Board"のことであり，売主から買主に製品，商品の引渡がなされるのは買主が指定した本船の甲板に貨物を置いた時点とされている。しかし，実際この「買主が指定した本船の甲板に貨物を置いた時点」とは何であろうか。本や契約書，船積書類といった紙ベースではわからないから，船積の現場から具体的な商品の引渡をイメージすることは重要なことである。

　なお，最近の貿易取引における海上輸送の主流は，在来船（すでにクレーンが船に備えてあり，港での荷揚げや荷卸しをするもの）からコンテナ船に移りつつある。この在来船やコンテナ船とはどのようなものか，あるいは自動車専用船，LPG専用船といった各種船舶の種類について併せ知っておくことで，インコタームズ®の理解も深まるものと考える。

　また，船だけではなく，コンテナヤード（Container Yard；CY）やコンテナフレートステーション（Container Freight Station；CFS）といった港湾施設についてもどのようなところか一度は見ておくとよい。引渡という条件を知るに役立つ。

　なお，コンテナヤード等の港湾施設は，むやみに立入りができないので，取引のある海貨業者（港湾で貨物の輸出入に係る業務を行う会社）に港湾施設の見学を依頼することを勧める。

第Ⅱ部　貿易実務

出典：一般社団法人 日本船主協会『日本の海運 SHIPPING NOW 2023-2024』より。左上から時計回りでコンテナ船（Ocean Network Express Pte. Ltd.），LNG専用船（日本郵船株式会社），RORO船（川崎近海汽船株式会社），自動車専用船（川崎汽船株式会社）。なお，RORO船とは，「船の前後のランプウェイからトラックやトレーラーをフォークリフトによって直接貨物を積み降ろしするRORO（ロールオン／ロールオフ）方式の貨物船（同協会のHPより）」のことである。

出典：《写真提供》東京都港湾局　コンテナふ頭「青海ふ頭2」

86

## 1.4 輸出入に関わる主な法規制

### 1.4.1 安全保障貿易管理

さて日本から輸出(提供)される製品,技術,資金について規制する「外国為替及び外国貿易法」(昭和24年法律228号,以下「外為法」という)について述べる。

昨今のさまざまなテロ・紛争に関するニュースから見えてくるのは,軍需品だけではなく,民生品も核兵器や化学兵器,生物兵器などの開発などにつながる軍需品としてテロ組織や紛争懸念国に渡り,これらがさらなる紛争や大量殺戮テロを引き起こしているという状況である。このため核兵器や化学・生物兵器,その運搬手段であるミサイルといった大量破壊兵器や通常兵器に関連する製品,技術については,将来の紛争を防止するために,各国間の国際的合意に基づく規制の枠組みが構成されてきた。

国際的な規制枠組みの例として,原子力供給国グループやオーストラリアグループといったものがある。この国際的な枠組みや規制内容に基づいて,日本では,外為法に基づく輸出令や外為令といった各種政省令を整備してきた。外為法の製品・技術に関する規制方法としては「リスト規制」と「キャッチオール規制」の2つの規制に分かれる。「リスト規制」とは,軍事転用が容易であり,核兵器開発に直結する民生品を規制する方法で,製品,技術ごとに具体的な仕様がリストとして定められている。このリストに該当するような製品や技術を輸出(提供)するのであれば,必ず事前に経済産業大臣から輸出(提供)許可を得ておかなければならない。次に「キャッチオール規制」であるが,これは民生品を広く一般に規制する(食料品,繊維製品などは除く)方法である。極端に言えばボールペン1本も輸出規制の対象だ。しかし,「キャッチオール規制」の対象製品,技術を,すべて経済産業大臣の事前の輸出(提供)許可を求めては煩雑で貿易の支障ともなるため,経済産業省は各企業での自主管理に委ねている。その企業の自主管理とは,まず自らの製品が規制対象品かどうか(具体的には先の「リスト規制品」のみならず「キャッチオール規制品」かどうかの確認を企業が行う。例外的に「キャッチオール規制品」でない可能性もある)を調査したうえで,

「キャッチオール規制」の対象製品、技術の取引の場合、経済産業大臣から輸出許可を取るよう通知を受けた（インフォーム要件という）、または取引相手先の契約書やメールなどで大量破壊兵器等の開発等に使うといった連絡を受け、もしくは取引先が過去、大量破壊兵器等の開発等を行った企業からのオファーであれば（客観要件という）、経済産業大臣に対して事前に輸出（提供）許可の申請をしなければならない。

もし仮に経済産業大臣からの輸出（提供）許可なしで輸出（提供）した場合には、その輸出（提供）行為は外為法違反となり、輸出者が刑罰（具体的には懲役刑など）に服さなければならない。また、企業に対しても一定の輸出禁止措置がとられることはいうまでもない。外為法規制については常に慎重な対応が求められる。

なお、外為法規制の留意点として2つあげる。1つは技術の提供である。この外為法規制において、製品は「モノ」であるため規制内容がわかりやすいが、技術はわかりにくい。例えば、外国のある企業に製品を製造してもらうために見積図面を送ったり、受け取ったりする図面の交換でその中身が機微な情報を含むような場合、その見積図面交換自体が外為法の規制対象である技術提供となる場合があるので注意を要する。

2つ目は、三国間貿易、海外子会社の輸出管理である。最近は、日本からの輸出のみならず、三国間貿易も外為法上の輸出規制の対象となる。従来は日本国内から海外に出る場合を規制対象としてきたが、日本国内からの輸出のみならず、三国間貿易や海外子会社から第三国に輸出（提供）される製品や技術についても日本からの輸出管理が求められている時代になっている。

### 1.4.2 そのほかの輸出入管理

以上は、外為法における安全保障貿易管理という輸出規制の体系であるが、外為法関連でいえばそれ以外にもさまざまな輸出規制、または輸入規制が存在する。例えば、国連制裁国や日本の安全保障政策上制裁を実施している国に対しては、製品や技術、相手先個人、用途云々で規制するのではなく、その国に向けたすべての取引が規制対象となるので注意が必要である。

また、うなぎの稚魚やしいたけ菌種、麻薬又は向精神薬の原材料なども輸出入

における規制対象になっている。このほか，希少野生動植物の個体・卵・器官の輸出入は規制されている。

　さらに輸出入規制で注意すべき規制として，バーゼル条約や「廃棄物の処理及び清掃に関する法律」(昭和45年法律137号，以下「廃棄物処理法」という)に基づく輸入規制が挙げられる。例えば，海外に輸出した製品の修理で発生した交換部品を，社内検査として日本に返送する場合，あるいは日本に輸入した製品のクレーム品を海外に返送するような場合である。このような場合には，その修理で交換された部品が，先のバーゼル条約や廃棄物処理法でいうところの廃棄物に相当するかどうかを判断すべきだ。そのような判断なしに輸出入した場合には，上記条約や廃棄物処理法に違反することとなり，日本あるいは海外の税関当局から廃棄物を輸出入したとして「処罰対象となる」可能性がある。環境保護や環境問題が重視されている今日，中古機やクレーム品の輸出入にも気を配り，バーゼル条約や廃棄物処理法上懸念がある場合には，速やかに経済産業省あるいは環境省の担当窓口で相談すべきである。

(1) 米国製品，技術の再輸出管理

　日本での輸出入の規制のみならず，米国政府からも製品や技術について輸出規制を受ける場合がある。例えば，米国製のコンピュータ部品や技術を日本に輸入(導入)し，日本で加工，組み立てるなど何らかの完成品としたうえで，その完成品を日本から第三国に輸出(再輸出)する場合である。この場合，日本の輸出規制だけではなく，米国の輸出規制(この場合，再輸出規制)も検討しなければならない。米国の輸出規制は，同政府の各所轄省庁(商務省，財務省，国家安全保障省，国務省，国防総省)によって管理され，日本以上に複雑多岐な管理制度をとっている。したがって，米国製品や技術を購入，あるいは導入する場合には，あらかじめ米国の売手から米国政府の輸出規制に該当するかを確認すると同時に，在日米国大使館商務部もしくは商務省のホームページで確認すべきである。また，再輸出規制[1]専門の弁護士もいるので，その弁護士を活用することも考えられる。

⋯⋯⋯⋯⋯⋯⋯⋯⋯⋯⋯⋯⋯⋯⋯⋯⋯⋯⋯⋯

1) 米国商務省が示す再輸出管理についてのHP：https://www.bis.doc.gov/index.php

(2) 関税法による管理

さて、外為法関連の輸出入規制を離れて、輸出入に密接に関連する法律としての「関税法」（昭和29年法律61号、以下「関税法」という）について触れてみよう。関税法は、輸出入する製品を定められた関税番号[2]に基づいて申告し、適正な価格でもって輸出入することを輸出入業者に求めている。この関税においてしばしば問題になるのは、原産地のあり方と無償輸出（輸入）の場合であろう。

① 原産地規則

原産地については、ある製品が本当に日本製かどうかが問題となる。例えば、日本のある会社が、ベトナムで自社の販売促進用にボールペンを作らせ、それを日本に輸入し、自社のマークを日本で印刷して欧州に輸出した場合、その原産地は日本であろうか、あるいはベトナムであろうか——といった問題である。

そもそも製品にはそれぞれ関税コード（HSコード）が用意され、コードごとに輸入関税率が割振りされているため、輸入時に、その製品があるコードに該当すれば自動的に関税率が定まる仕組みとなっている。しかし、関税はまさに国の通商政策に絡む話であり、同じコードといっても輸出先によって関税率が異なることがある。例えば、途上国の工業製品については軽減税率を適用する一方、国内産業の打撃を回避するため特定の国からの輸入製品には高い関税率を課す（いわゆるアンチダンピング）ことはよくある話である。WTOやアンチダンピングなどについては割愛するが、関税や原産地が国の通商政策と深く結びついていることは認識しなければならない。

先ほどのボールペンのケースで参考となるのが原産地規則の「実質的変更基準」であるが、これはある国において原材料（半製品や部品でもよい）から製品に変わると、関税コードが変更になったり、付加価値が加わったりするが、そのような視点で原産地がどこかを定めるという考え方である。この基準をもとに自動車を例にとると、アメリカからタイヤ、中国からはマフラーを輸入、シャーシを含むそれ以外のすべての部品（エンジン、フロントガラスなど）は

---

[2] 一般的にはHSコードといわれる。HSとはHarmonized Commodity Description and Coding Systemの略語。各国で違いのあった貿易商品の名称及び分類を統一した。

日本で調達し，日本で組み立てた製品（自動車）として輸出する場合には，その自動車の原産地は日本という判断になる。これを最初に述べたボールペンに当てはめると，日本で「名入れ」したとしても，ボールペン自体，完成した製品はベトナムであることから原産地はベトナムであると容易に推察できる。それを「日本製」と偽って欧州に輸出すれば，輸入国における税関当局から懲罰的な関税を課せられるのみならず，刑事罰に問われることもある。さらに日本では，関税法および不正競争防止法（平成5年法律47号，以下「不正競争防止法」という）に基づき，そのような虚偽の原産地申請は処罰されることになる。

② **無償輸出**

　海外の顧客から製品に欠陥があるというクレームを受け，その製品の代替品や取替部品を送ることはごく普通の話である。ただし，その際，その代替品や部品が「無償」だからといって輸出申告時の価値を「ゼロ円」と申告することはできない。無償で提供するのだからといって無価値で輸出，輸入すれば，関税を「ごまかした」ことになる。もし，このように偽って申告すれば当然処罰の対象となる。

# 第2章
# 輸出入で実際に使用される船積書類とサンプル

## 2.1 はじめに

ここでは，実際に輸出（輸入）取引において使用される各種船積書類を解説する。

### 2.1.1 船荷証券（B/L ; Bill of Lading）

これは，輸出者が輸出する製品を輸出荷物として船会社に預けた際，船会社が輸出者に対して発行する「荷物を預かった」証明書のことである。その証明書を輸出者は受け取り，輸入者に引き渡す。証明書を受け取った輸入者はその証明書を船会社に提示することで，荷物を引き取る。船荷証券はまさにそのような証明書であるが，流通性をもった有価証券（Negotiable B/L ともいう）ともいわれる。なぜならば，船荷証券に輸出者が裏書きすることでその船荷証券は流通し，流通された船荷証券を持つ輸入者がその船荷証券でもって貨物を引き取ることができるからだ。

船荷証券には，次の2種類がある。1つは無故障の船荷証券（Clean B/L）であり，もう1つは故障の船荷証券（Foul B/L）である。Clean B/L とは荷物には損傷といった問題がない状態ということであり，船荷証券の備考（Remarks）欄には何も記載がない。他方，Foul B/L となると，船会社が輸出者から荷物を預かったときにはすでに何らかの損傷があるので，Remarks 欄に何らかの損傷状況の記載がある。通常，大抵の船荷証券はこの Clean B/L だが，ごくたまに Foul B/L を見かけることもある。この Foul B/L については，第3章で述べる信用状に基づく船積書類買取時に銀行が買収を拒否するので注意を要する。なぜなら，その船荷

証券は，欠損や損傷により商品価値が下がっているため，銀行は担保価値が下がったと判断するからである。

　船荷証券は通常，原本として3通発行されるが，それ以外に非流通性の船荷証券（Non-Negotiable B/L という）があり，これらは信用状に基づく船積書類の買取で利用される。なお，船荷証券の原本が3通発行されるのは，荷物受取り時のリスクヘッジである。もし原本が1通だけであれば，その1通を紛失した場合に貨物引取が困難となるからである。実際，筆者が携わった途上国向けの事案でも，原本1通が紛失したことがあったが，幸い残り2通の原本があったので輸入国での貨物引取に支障を来すことはなかった。このように，船荷証券は3通発行することで紛失時のリスクを回避することができる。

　最近，航空輸送分野では，航空貨物運送状（Air Way Bill という）といった有価証券ではない航空運送状が航空会社から発行される。この航空貨物運送状が海上輸送においても応用され，従来のような船荷証券から海上貨物運送状（Sea Way Bill という）に置き換えられることもある。ただ，Sea Way Bill は今後の取引状況や輸送状況などを考えながら利用すべきであろう。

　さて，それでは実際の船荷証券を見ていくことにしよう。

　船荷証券において留意すべきことは，まず記載内容が信用状の記載内容と一致するかどうかである。もし違っていればそれはディスクレとなり，信用状が機能しなくなるからである。各欄については次のとおりである。

- **Shipper**：ここは輸出者の名前，住所が記載される。
- **Consignee**：荷受人。ただし，信用状決済の場合は「指図式」とされ，通常 "to order of shipper" として記載され，船荷証券が裏書きされて譲渡される。
- **From**：船舶が物品を受け取った地。他の船荷証券では，この箇所は "Place of Receipt" と記載がある。この項目を含む，Port of Loading（荷出港名）や，Vessel（船名），Port of Discharge（荷受港名）から Marks（荷印）において，信用状やインボイス，パッキングリストと，製品名から重量，価格まで同じ記載となっているかも確認しなければならない。

　また，細かい話だが，船の費用が "Freight Collect" となっているか "Freight Pre-

## サンプル 1-1　船荷証券（表）

出典：一般社団法人日本海運集会所「契約書式」より

## サンプル 1-2　船荷証券（裏）

出典：一般社団法人日本海運集会所「契約書式」より

paid"となっているかを確認し，それが信用状やインボイス（2.1.2参照）上のインコタームズ®の条件（第4章4.2参照，FOBやCIPなど）に合致しているかを見なければならない。

### 2.1.2 インボイス（Invoice）

インボイスは，通常は「商業送り状（Commercial Invoice）」のことであり，端的にいえば明細書兼請求書のことである。インボイスの種類には，無償出荷時に使用される「無償送り状（No Commercial Invoice）」や輸入国の税関に製品の輸入税を確認するため，あるいは事前に輸入国当局に許可を求める意味合いをもつ「見積送り状（Proforma Invoice）」，さらに，輸入国の領事から査証を得る「領事送り状（Consular Invoice）」というものもある。また，税関向けの公的インボイスとしての「税関送り状（Customs Invoice）」がある。

まず，商業送り状であるが，これは，輸出者が輸出する貨物の明細，価格，支払条件などが記載された書類である。輸入時の通関でも使われるとともに，後に述べる輸出買取書類としても重要である。次に，無償送り状は，輸出者が輸入者より製品に関してクレームを受け，その製品の代替品を出荷する際に使用されるインボイスである。前述したように，輸入時には当然インボイス価格で課税されることから無償であるにしても，正確な価値を記載することが求められる。見積送り状や領事送り状，さらに税関送り状はそれぞれ公的機関からの査証なり認証が求められることから，それぞれの国で必要とされる書類を確認し，準備すべきであろう。見積送り状や，領事送り状はアジアや中南米諸国で，税関送り状はカナダから要求されることが多い。

さて，このインボイスで留意すべきは，インボイスに記載された輸出社名，輸入者名，製品，価格，船名，出港日，荷出港，荷受港などの記載が信用状や船荷証券，パッキングリストなどの記載に文言上一致しているかを確認することである。

### 2.1.3 梱包明細書（Packing List）

書類の形式がインボイスに似ているが，それはこの梱包明細書がインボイスの補足資料として使われているからである。梱包明細書には，注文番号（Order

Number)，荷番号（Package Number），内容品明細（Description of Goods），正味重量（Net Weight），総重量（Gross Weight），容積（Measurement）等が記入される。この書類で輸入者や輸入国の税関が荷物検査で現物と照合したり，検査したりする。

　ここでも信用状での取引の場合，梱包明細書の記載内容が信用状や船荷証券，インボイス等の記載と文言上一致しているかを確認しなければならない。

### 2.1.4 原産地証明書（Certificate of Origin）

　この書類は輸入国における関税の判断に使われるだけでなく，輸入禁止国からの迂回輸入を阻止する輸入国税関当局に対して，貨物が輸出国の原産であること（輸入禁止国ではないこと）を証明した書類である。逆に，有利な関税を受けるために原産地証明書を入手することもある。この原産地証明書は各地の商工会議所において発行される。ここでも原産地証明書の記載と信用状など，船積書類の記載とを文言上一致させておくとよい。

### 2.1.5 保険証券（Insurance Policy）

　ここでの保険証券は，いわゆる海上貨物保険の保険証券である。保険の詳しい条件については別途契約条件の保険（第4章4.3.13）で述べることとする。
　この保険証券で留意すべきは，信用状による取引の場合，保険証券の条件や金額が信用状で要求されたものと同じかどうかを確認することである。例えば，All Risks とか Institution（A）を信用状の条件とする場合，保険証券が同じような条件としているかどうかを確認しなければならない。

### 2.1.6 検査証明書（Certificate of Inspection, Inspection Certificate）

　輸入者の要求により，輸出製品が一定水準以上の品質であることを証明する書類である。検査証明書の必要の有無は，売買契約において決められることが多く，両当事者が合意した第三者機関に検査させ，証明書を発行させる場合もあれば，輸出者がメーカーである場合には，輸出者自らが責任をもって証明書を発行する場合もある。
　なお，検査証明書の派生として，分析証明書（Certificate of Analysis, Analysis

Report）という化学製品や鉱山物などの分析結果を証明する書類や，衛生証明書（Certificate of Health, Sanitary Certificate）という食料品や化粧品，薬品などを輸出するときに輸入国で設定した基準に合格していること，また無菌，無害であることを証明する書類がある。さらに，検疫証明書（Certificate of Quarantine）という生きた動植物を輸出する場合に必要な衛生証明書の一種もある。また，国によっては燻蒸証明書（Certificate of Fumigation）を求められることもある。これは，製品を梱包する際に使用される木材等に付着している病害虫の侵入防止のため，輸入国が輸出国に対し木材の梱包材について確実に燻蒸を施すことを求めている場合があり，燻蒸されていない梱包材を使用，輸入すればその輸入国の法令に違反することになる。それゆえ，輸出国においてその燻蒸処理が確実になされたことを証明する書類としてこれが必要となる。過去，オーストラリア，ニュージーランド，中国（香港を含む），ブラジル等へ輸出する場合に，梱包材料（木材）の燻蒸が義務付けられていたが，現在はその他の国でも燻蒸が求められるようになった。輸入国の燻蒸処理の義務については輸出時に改めて確認すべきである。

### 2.1.7 船積書類の準備における各種の認証制度について

(1) 公証役場での認証手続

　船積書類の準備において必要とされる手続として，インボイスや原産地証明書といった書類について各国の在日大使館，または領事館による「認証」を求められることがある。とくに中近東や中南米への輸出で，輸入者発行の信用状上で，船積書類の原産地証明書やインボイスについて "duly legalized by XXX embassy or consulate" といった認証を条件として求められることがある。

　このような認証手続の具体的な進め方は，各地の公証役場で確認すべきであろう。

　最近は，アポスティーユ（Apostille）というハーグ条約に基づく付箋による証明という方法もあるので，まずは相手側に必要な認証の種類を確認したうえで，公証役場に確認すべきであろう。実際，認証手続には時間がかかるため，船積書類の準備（とくに信用状の買取という時間の制約）を考えると早めの対応が求められることはいうまでもない。

(2) 商工会議所のサイン証明,認証手続

　船積書類の提出に絡み,輸入者から商工会議所によるサイン証明を求められることがよくある。具体的には各商工会議所にて問い合わせていただきたいが,留意すべき点は,サイン証明書は商工会議所ですぐに発行できるものではなく,事前に商工会議所にサイン登録しておかなければならないということである。その登録方法についても,各地の商工会議所で確認願いたい。

# 第3章

# 海外与信管理と信用状

## 3.1 海外の取引先与信調査等の重要性

　取引の可否を含めた相手方取引先の海外信用調査などの事前調査は，信用状以前に重要な問題である。

　海外の取引は，生活，文化，法制度，政治制度など，国内取引とは違った側面を有し，さらに取引通貨をはじめ決済手段も多種多様であり，最悪外国政府による外貨送金停止などの深刻なリスクを抱えている。それゆえ，相手方取引先の海外信用調査などの事前調査は，重要な事項である。

　海外取引においては，まず取引先がどういう財務状況なのか，最近の業績はどうか，あるいは主要株主は誰か，といった相手先の事業環境や信用状況を調査し，把握することが，海外との取引を考える第一歩である。そのような企業情報は，まず相手先から会計士（会計事務所）による監査後の財務報告書を受領することはいうまでもなく，実際に海外の取引先を訪問し，担当者や社長などと直に面談するなどといった手段を尽くさねばならない。また，海外の信用調査会社を利用しての財務情報や企業情報を入手すべきである。なお留意すべき点は，これら海外の信用調査会社の情報はあくまで参考情報であり，この情報のみによって取引先を評価，取引の判断を下すのは誤りである。少なくとも実際に現地の取引先に赴き，会社の財務情報などを得て，担当者との面談を通じて取引を判断することが求められる。

第 3 章　海外与信管理と信用状

## 3.2　支払方法の1つとしての信用状（L/C；Letter of Credit）

　さて，海外取引ではどのような支払手段があるのだろうか。まず，信用状であるが，これは，銀行が輸入者から信用状開設依頼に基づいて輸出者に対して発行される支払保証書であり，極めてオーソドックスな支払方法である。輸出者が，製品輸出後にその信用状記載どおりの船積書類と荷為替手形でもって銀行側に買取りを依頼し，銀行側は，船積書類と荷為替手形に書類上の瑕疵がなければ輸出者に買取額を支払うものである。

### サンプル　Bill of Exchange

[Bill of Exchange サンプル画像（COPY）]

　信用状の取扱いについては，各国間での解釈の違いを少なくすべく，戦前から国際商業会議所において規則が制定されていた。戦後いく度となく改正され，2007年の「荷為替信用状に関する統一規則および慣例（2007年改定版）（Uniform Customs and Practice for Documentary Credits；UCP600）」が2024年時点での最新版である。

　ここではそのUCP600で利用される代表的な用語，書類と支払の流れについて簡単に紹介するが，詳細は国際商業会議所が発行するUCP600を参照願いたい。

*101*

- **Advising Bank**（通知銀行）：発行銀行の依頼により信用状を通知する銀行。
- **Applicant**（発行依頼人）：信用状の発行を依頼する者。貿易取引では輸入者。
- **Beneficiary**（受益者）：信用状の利益を享受する者。貿易取引では輸出者。
- **Issuing Bank**（発行銀行）：発行依頼人の依頼に基づいて信用状を発行する銀行。
- **Negotiation**（買取り）：荷為替や船積書類の買取り。

## 3.3　信用状のさまざまな条件

　この信用状にはさまざまな条件（例えば，Irrevocable, Transferable, Confirmed, at sight あるいは Usance といった条件）が付されている。以下代表的なものについて紹介する。

　**Irrevocable** とは「取消不能」を意味し，一旦開設依頼者（ここでは輸入者であるが）が銀行に発行依頼した信用状は取り消すことができないという仕組みである。この Irrevocable 信用状により，輸出者によっては輸入者の勝手で信用状が取り消されるリスクを回避することができる。Irrevocable 信用状の対概念として，信用状には Revocable という「取消可能」の信用状が存在する。これは信用状の開設依頼者である輸入者が，その信用状について取り消せる条件である。ただ，現在に Revocable 信用状というのは実際的でない。もしそのような信用状が開設され，送付された場合には，相手方がどのような意図で信用状を開設したかを確認するなど注意を要する。

　次に **Transferable** であるが，これは「譲渡可能」を意味し，三国間取引や商社を間に入れた取引で多用される。例えば，インドの顧客が発電設備一式をタイの企業から購入する一方，タイの企業はその一部を日本に発注する場合である。この場合に，インドで開設された信用状をタイから日本にその一部を譲渡することがあり，Transferable と信用状に記載される。また，中国の顧客と信用状取引をする一方，介在する日本商社の信用力に疑問があり，与信上リスクをヘッジする場合にもその1つとして Transferable 信用状を使うことがある。

　さらに信用状には **Confirmed** 信用状（「確認信用状」）というものがある。これは，輸入者が開設した銀行には不安があり，可能であれば一流銀行からの保証を

〈書類と支払の流れ〉
1 信用状開設段階

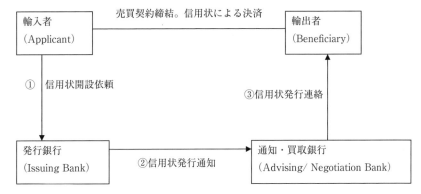

2 船積・支払段階

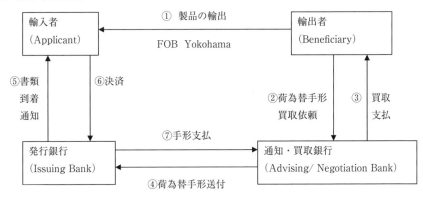

得たい場合に，その銀行（確認銀行という）の保証をつけて，信用状開設銀行の信用状を得るような場合である。この場合には，あらかじめ輸入者に開設銀行とは別にその開設銀行の信用状を保証する信用力のある銀行に確認してもらった信用状（これを Open Confirmed 信用状という）と，輸入者には確認をつけてほしいとはいわず，輸出者側で輸入者が依頼した発行銀行の信用状について確認できる銀行を輸出者の国内で探し，その銀行に確認を求める（これを Silent Confirmed 信用状という）方法がある。いずれも確認付ともなれば，より開設銀行自体の破産といったリスクを回避できる一方，本章3.4で述べる「ディスクレパンシー」ともなれば，一切確認の効力を失うためにより慎重な対応が求められる。とくに，

*103*

開設銀行の破産が現実に迫った場合には，確認銀行は，ディスクレとして支払を拒否することも予想されるため，ディスクレ回避については一層の慎重さが求められる。

　**At sight** とは，文字どおり一覧払い，つまり，船積書類や荷為替手形がそろい，銀行に提示すればその時点で買い取られ，支払われるものである。逆に **Usance** では，30日あるいは60日といった日数の後に輸入者側から支払われる。ただし，買取りの場合には，その日数分の金利が差し引かれて入金されるが，60日後に現地銀行から送金されないと通知銀行において買取りがなくなり，再度支払を求めるケースがある（With recourse の場合であり，Without recourse の場合にはそのようなことはない）。

　なお，信用状には上記のように1回限りの発行ではなく，継続的に利用できる回転信用状（Revolving L/C といわれる）というものがある。これは継続的な取引先に対して都度信用状を開設するという手間を省くためのものである。つまり，信用状に一定の限度額を定め，その枠内で信用状による決済（売買取引）をするものである。当然，取引により信用状の枠内の金額も減少する。そして，枠内で使える金額が少なくなったら，「補充」してまた枠一杯まで金額を増やし，再び枠内の金額で売買取引する仕組みである。ただ，回転信用状の枠内の金額設定にはさまざまな方法（その都度補充する方法から使いきれなかった分を次回に充当して再度回転信用状を開く方法まで）があるので，銀行に確認すべきであろう。

　さて，信用状には次のような項目がある。

　まず信用状が到着したら，これらの項目について文言に誤りはないかなどの細かなチェックである。この作業を怠ると，船積書類と信用状の文言不一致という「ディスクレパンシー」（本章3.4参照）という状態になり，信用状の重要な機能である銀行の保証機能を失うからである。

- **ADVISING BANK**：信用状の通知銀行であり，信用状の買取義務はない。ただし，輸出取引の場合には，当社の取引銀行を通知銀行に指定することで，信用状に関する照会が容易である。些細なトラブルを回避するためには，できるだけ取引先銀行を通知銀行として指定することを薦める。
- **FORM OF DOC.CREDIT**：この欄では，信用状が受益者の了解なくして

信用状を取り消せるかどうかを示す。もしこの欄に"REVOCABLE"が記載されていれば，取消可能ということである。記載が何もなければ"IR-REVOCABLE"である。

- **DATE OF ISSUE**：信用状の発行日である。信用状開設者の依頼に基づいて銀行が発行した日付である。
- **EXPIRY DATE/PLACE**：有効期限および呈示場所をいう。まず日数をご確認いただきたい。信用状には当然ながら有効期限があり，大抵は船積期限から21日以内とされている。したがって，これが極端に短い場合には注意を要する。さらに，呈示場所が海外の銀行窓口である場合には，上記で定められた有効期限より早め（1週間くらいは見た方がよいが，念のため通知銀行に確認すべきである）に国内の取引先銀行にしなければならない。
- **APPLICANT**：信用状発行依頼人であり，通常これは輸入者になる。
- **BENEFICIARY**：受益者のことで，よく「ベネ」と略される。通常は輸出者である。なお，このベネについては住所が記載されているが，たまに間違って記載されることがある。とくに日本の地名は誤タイプしやすいのか，間違うことがあるので修正すべきであろう。なお，この住所がインボイスなど船積書類の書類上にも間違いなく記載されなければならない。なお，このベネの欄が2つある場合があり，それはTransferable信用状に見られる。
- **AMOUNT L/C**：信用状で支払われる金額である。留意すべきは，船積書類上のインボイス金額が信用状記載の金額と確実に一致しているかである。
- **AVAILABLE WITH/BY**：買取指定銀行の有無で，ここは通常"ANY BANK"という記載だが，とくにフォーフェイティング（本章3.5.2(3)参照）といった手段を利用する場合，この欄が"ANY BANK"でなければならない。
- **DRAFTS AT**：荷為替手形のユーザンス期間を示し，一覧払いの場合にはSight，Usanceつきの場合には60 Daysといったことが記載される。
- **DRAWEE**：支払人のことである。
- **PARTIAL SHIPMENTS**：分割船積の可否について規定する。そもそも契

約上分割船積を認めるかどうかである。プラント機器など複雑な製品の出荷では，分割出荷される場合が多い。気付かずに機械的に"Not Allowed"とするとディスクレとなるため，注意を要する。

- **TRANSHIPMENT**：積替えの可否について規定する。仕向け地によっては，積替えしなければならないところもある。したがって，積替えについても注意してみておくべきであろう。
- **LOAD/DISP./TAKE IN CHARGE AT/FROM**：積荷港のことで，具体的な地名（東京，横浜など）が記載される。
- **FOR TRANSPORT.TO**：荷揚港のことで，具体的な地名が記載される。
- **LATEST DT. OF SHIP.**：船積期限を規定する。記載がない場合は，有効期限が船積期限となる。
- **GOODS /SERVICE**：商品またはサービスを規定する。なお書類記載商品名は簡素にすべきである。INVOICEなど船積書類を作成する際には，信用状に記載されている商品やサービスに一言一句，一致していなければならないからであり，文言が違うとディスクレになるからである。
- **DOCUMENTS REQUIRED**：要求されている書類を示す。必要書類として，先に述べた船荷証券などの船積書類は最低求められる。船積書類ではオリジナル，コピーが何通必要か，また検査証明書といった書類では認証の有無を要求されているかもチェックすべきであろう。最もディスクレが生じやすいところである。
- **ADD. CONDITIONS**：補足条件であるが，EXTRA COPYやNON-NEGO COPYの要求が記載されることがある。つい DOCUMENTS REQUIREDのチェックで安心してしまうが，注意が必要である。
- **CHARGES**：費用負担を規定する。"All Charges Account for Beneficiary"とさりげなく記載されることがあるので，事前にチェックする。
- **PERIOD FOR PRESENT.**：呈示期限である。有効期限とも絡み，いつまでに船積書類を用意すべきか，海貨業者（フォワーダー）などとよく打ち合わせるべきであろう。
- **CONFIRM. INSTRUCT.**：いわゆる確認信用状かどうかが記載される。もし，相手方に確認付信用状を要求するのであれば，確認手数料をどちらが

負担するのか，あらかじめ確認しておかなければならない。よくあるのは，要求もしていないのに勝手に確認付信用状が発行されてしまうケースである。確認銀行についてはどのようなところかチェックし，その必要性について検討すべきであろう。場合によってはサイレントコンファームもあり得るからである。

## 3.4 ディスクレ（ディスクレパンシー：Discrepancy）

信用状はそこに記載されたとおりに船積書類，荷為替手形を提出しなければ，銀行側は支払に応じてくれないが，信用状や船積書類の記載に不備，誤りがあった場合や書類が欠けていた場合などはどうなるか。信用状にはさまざまな条件が記載されているが，その記載条件が複雑であることから，しばしば記載ミスが発生する。単純な例ではあるが，会社名を船積書類上でミスタイプした場合などである。このような信用状記載の条件と船積書類上の記載が異なることを「ディスクレ」という。このディスクレという判断が銀行で下されると，信用状の重要な機能である支払保証機能がなくなる。そうなると信用状なしの輸出と同じであり，支払に関するリスクを負っての輸出となる。このような状態になった場合，通常輸出者は次の対応をすることになる。

### 3.4.1 アメンド（Amendment）

通知銀行経由で発行銀行に対して信用状記載条件の変更およびその変更を反映した信用状の再発行，つまりアメンドを実施することである。このアメンドという方法は，納期遅延や支払額変更といった場面でしばしば売主，買主の合意による変更で利用されている。しかし，このアメンドでの対応にも限界はある。信用状の記述内容は間違いないが，船積書類（例えば Invoice や Packing List など）で会社名や商品名などを間違えてタイプしたような場合である。このような場合には，信用状のアメンドではできない。こうなると，どのような手段で支払がなされるのか。実務では次のような対応となる。

### 3.4.2　ケーブルネゴ（Cable Nego）

まずはケーブルネゴである。これは，売主の通知銀行が「このようなディスクレが船積書類にあるが，買取りをしてもよいか」といった通知を相手方の発行銀行に出し，信用状の発行銀行が「支払に応ずる」旨の連絡があれば，船積書類の買取り（支払）がなされる。ただ，このケーブルネゴは単に発行銀行に対する支払「確認」（保証ではない）ゆえ，輸入側の発行銀行との通信の遅れがあれば支払もそれに準じて遅れるし，最悪発行銀行が支払を拒否してしまうと支払を受けられなくなる。サンプル11はケーブルネゴで使用する書類である。

### 3.4.3　保証状（L/G；Letter of Guarantee）の差入れ

継続的取引先や軽微なディスクレなどでは，銀行に対して「買取り以後支払で問題あれば，すべての責任を負う」という保証書を銀行に差し入れて買い取らせる方法である。これは，当然ながら発行銀行側で船積書類やディスクレが問題となれば保証状に基づいて受領した代金を戻すといった返金をしなければならない。サンプル12は銀行に差し入れる保証状のサンプルである。

### 3.4.4　代金取立て（Bill of Collection）

これは信用状ではなく，単に通知銀行から発行銀行経由で取引先に代金を取り立てる方法である。信用状の保証は全くない。

前述のケーブルネゴや保証状，代金取立てのいずれも過信せず，書類のタイプミスなどを含めて十分点検することを心がけたい。筆者は1997年のアジア金融危機において，わずかなディスクレがあれば支払を拒否すると言ってきた外国の銀行に直面したことがある。ケーブルネゴなどはこのような金融危機に際しては全く意味がないことを痛感した。

また，ディスクレを防止するためには，輸入先から事前に信用状開設のアプリケーションを取寄せ，必要な船積書類が何であるかをチェックし，また可能な限り信用状における表現を簡易なものとすべきであろう。つまり "Simple on Demand" で，信用状の条件（とくに船積書類の要求部分）では買取りしやすい内容条件にしておくことがディスクレ防止の第一歩である。

さて，この信用状には必ず船荷証券の原本を添付する必要があるが，最近は船の航行速度も速まり，銀行経由で船荷証券が到着する以前に船が到着してしまい，貨物が輸入港で滞留，結果として倉庫費用が発生するといった事態に直面している。そこで，船荷証券の原本のうち，1部を輸入者に直送し，残りの2部を銀行買取用とすることが多くなってきた。つまり最初の1部の原本ですぐに貨物を引き取り，余計な倉庫費用を発生させず，他方信用状による支払手続では従来どおり残りの原本で船積書類の買取りを進めるというものである。しかし，この場合，少なくとも1部を直送し輸入者が引き取ることができることから，この方法を選択する場合，取引相手方の信用などを十分に考慮して進めなければならない。悪意をもった輸入者であれば，船荷証券で商品や製品受領後に行方をくらますといったことも想定されるからである。

次に，信用状以外の支払方法について若干述べる。すなわち，D/A, D/P といった方法である。D/A とは，Document against Acceptance, つまり輸入者が船積書類および荷為替手形の引受けをすれば輸入者は銀行から船積書類を受け取り，製品の引取りができるという方法である。他方，D/P は Documents against Payment であり，輸入者が銀行に支払をした後，船積書類を受け取ることができる方法である。前者の場合には引受けであるから，支払日を伸ばすなど Usance を付すことがあるが，後者の場合にはない。いずれも信用状による保証がないため，リスクが高いといえよう。さらに船積書類が銀行を経由しない電信送金（Telegraphic Transfer Remittance ; T. T. Remittance）という方法を支払手段とすることもある。手軽な方法である一方，当然ながら相手方の信用状況を見なければならない。これらは，先に述べた相手先の信用状況を見ながら適切な支払方法を選ぶべきである。

## 3.5 信用状以外の支払リスクヘッジのさまざまな手法

### 3.5.1 支払保証状（ボンド：Payment Guarantee Bond）

プラント機器契約はそもそも金額自体が数十億から数百億円といった規模のもので，また，船積だけではなく工事も絡んでくると信用状による取引がなじまな

*109*

いものがある。さらに，留保金条件が付されるため，その留保金期間中について相手側から支払保証を得たい場合もある。その場合は，支払を担保する意味で，発注者から銀行に依頼して各種の支払保証状 (Payment Guarantee Bond,「ボンド」といわれる) が発行されることがある。発注者の支払不能の場合に，そのボンドを請負者が請求することで回収を図るものである。これら保証状については，各国の法制度により呼び方が異なる。例えば Surety, Standby-LC, あるいは Guarantee や Bond と称している。

なお，支払保証状に関しては，国際商業会議所が 2010 年に「請求払保証に関する統一規則」(Uniform Rules for Demand Guarantee International Chamber of Commerce Pub. No.758 ; URDG758) を出しており，最近の支払保証状ではこの規則に基づいて発行されることがある。次頁は，支払保証状のサンプルである。

Letter of Guarantee

L/G No.:
Date:

To : _____
(Name and address of the Contractor)

Dear Sirs,

In connection with Contract No. ( ) dated ( ) entered between yourselves as the Contractor and ( ) as the Owner for (title of Contract ) , we hereby irrevocably and unconditionally guarantee the payment to you of the following sums payable by the Owner in accordance with the Contract:

(A) the sum of ( ) (Say     only) (hereinafter referred to as "principal") representing ( ) percent ( %) of the foreign currency portion of the Contract Price to be paid in ( ) equal consecutive semis-annual installments with the first installment becoming due and payable on whichever is the earlier of the date six (6) months after the date of the Acceptance Certificate (or the date of the last Acceptance Certificate if the Contract provides for the Acceptance of the Plant in parts) or the date being ( ) ( ) months after the Effective Date ; and

(B) the total amount of interest on the principal at the rate of ( ) percent ( %) per annum computed on the basis of a year of three hundred and sixty (360) days and on the actual number of days elapsed from and including:

the date of Bill of Lading or the tenth day of the month following the month in which actual works have been executed, services have been performed and the Materials have been consumed or incorporated into the Plant by the Contractor, as the case may be, to be computed and paid in accordance with the provisions of the Annex attached hereto.

If the Owner fails to pay any sum on the due date for payment, we shall, forthwith upon your written demand, pay the sum demanded to your nominated bank account as set out in such demand. Such demand shall be conclusive evidence that such sum is due and payable. All such payments shall be made free from any deduction or withholding, and if any deduction or withholding is required, we shall increase such payment so that you receive the full amount of such demand as if no such deduction or withholding had been made.

*111*

Except for such written demand, no other documents or any other action shall be required notwithstanding any applicable law or regulation.

We hereby agree that any part of the Contract may be amended, renewed, extended, modified, compromised, released or discharged by mutual agreement between you and the Owner and security may be exchanged or surrendered without in any way impairing or affecting in any way our liabilities hereunder without notice to us and without the necessity for any additional endorsement, consent or guarantee by us, provided, however, that the sum guaranteed hereunder shall not be increased without our consent.

No action, event or condition which by any applicable law should operate to discharge us from liability hereunder shall have any effect and we hereby waive any right we may have to apply such law so that in all respects our liability hereunder shall be irrevocable and, except as stated herein, unconditional in all respects.

This Guarantee shall remain in effect until whichever is the latter of (      ) or the date being (      ) (   ) months after the date of Acceptance of the Plant (or if the Contract provides for Acceptance of the Plant in parts, the date of Acceptance of the last part) where we as Guarantor shall be released from our obligations and liabilities hereunder on that date, unless we shall have received a written demand from you on or before such date.

             Dated this ___ day of _____

             Name of Bank

             Authorized Signatory

## 3.5.2 貿易保険やファクタリング,フォーフェイティングによる支払に関するリスクヘッジ

さて,海外での支払においては,信用状や保証状ではカバーできないさまざまなリスクが存在する。例えば,革命,暴動,テロ行為といったカントリーリスクによる送金停止がある。また,前述したように信用状以外の方法,例えば,電信送金を選択し,その後取引会社が支払不能になった場合に回収することは著しく困難になる。信用状自体も国によっては問題になることがある。このようなリスクに対していかに防止すべきであろうか。例えば,次のような手段が考えられる。

(1) 貿易保険

貿易保険とは,輸入者の相手国での戦争や革命,外貨持出禁止といったカントリーリスクや輸入者の支払リスクをヘッジするための保険である。貿易保険の詳細の条件については,日本貿易保険や他の民間保険会社が提供する保険での付保範囲を確認しつつ,保険金や保険料,免責条件などを比較することを薦める。また,民間保険会社では同じ貿易保険でも扱うとしても得意分野,不得意分野(継続取引の貿易保険が強いのか,プラント機器の売買での保険を得意とするか)があるので,それぞれの得意分野を生かして保険検討すべきであろう。

(2) ファクタリング(Factoring)

さらに,電信送金ベースであるが,ファクタリングという一定の輸出債権を買い取ってもらう方法回収を図ることもある。例えば,1回の取引金額は大きくない(数十万から数百万円程度)ものの,毎月継続した取引がある場合が当てはまる。このような取引においては,輸入者に回転信用状を発行することも考えられるが,回転信用状の発行手続は輸入者側には複雑なので,このような場合には,ファクタリングによる回収も検討すべきであろう。当然ながら,事前にファクタリング会社に海外取引先との信用状況を判断してもらうことになるが,取引金額の限度枠を設定し,その限度枠内での取引においては,万一相手方が破産した場合でもファクタリング会社から回収できる。ただ,取引金額の限度枠が突然減額されることもあるので,ファクタリング会社と条件を詰めておくべきである。

(3) フォーフェイティング（Forfeiting）

また，信用状取引の一変形としてフォーフェイティングという手段もある。これは銀行が，一定の信用状取引について遡及なく買い取るものである。信用状決済は順調に行われればよいが，前述したように Usance 期間が超長期（1年以上）となると，途上国によっては一旦買取りに出したものの，最後に手形決済できなくて遡及されるといったことも考えられる。したがって，中長期の Usance 取引であり，また大口の案件ではこの方法も検討の余地があろう。この方法は，各銀行が Forfeiting のメニューを用意しているので取引銀行に確認すべきである。

以上，さまざまなリスクヘッジの手段をうまく活用して，信用状だけに安住せず，さまざまなリスクヘッジ案が提案できなければならない。

# 第4章
# Sales Note (T's & C's)
# 売買契約

　ここでは売買契約についての一般条件について述べる。まず，売買に関する各種条件に入る前に，押さえておくべき売買契約に関する国際的な条約や商慣習について触れておきたい。

## 4.1　ウィーン動産売買条約

　ウィーン動産売買条約は，正式名を国際物品売買契約に関する国際連合条約（United Nations Convention on Contracts for the International Sale of Goods（略称；CISG））という。

　私法（国際取引法）分野での統一した法典の必要性は，国際私法に関する議論を待つまでもなく十分に認識されてきたが，とくに英米法諸国のコモンロー（慣習法）と大陸法諸国の成文法との対立もあり，統一法典としては遅々として進まなかった。しかし，国連国際商取引委員会（United Nations Commission on International Trade Law；UNCITRAL）の努力もあり，少しずつではあるがさまざまな国際取引に関する条約が締結された。

　一例を挙げれば，1964年のハーグ統一売買法条約である。この条約は1930年代からさまざまな国際機関で議論しており，条約の草案自体はすでに戦前にできていたが，1964年にようやくまとめられたのである。ただ，条約の内容が成文法諸国の法概念の色彩が強いものであったため，英米法諸国では評価されず，批准する国は欧州大陸法系諸国に限定された。この教訓を踏まえて再度，動産売買に関する条約を検討し，英米法諸国や大陸法諸国の法概念の違いという課題を克服して，1980年 UNCITRAL の主導によりウィーン動産売買条約が成立した。現

在締結国は97ヵ国に上り（2024年4月現在，国連発表），日本は2008年7月に本条約に加入，2009年8月から効力が生じることとなった。

## 4.2 インコタームズ®（Incoterms®；International Commerce Terms）

インコタームズ®とは，国際売買取引において製品の輸出入に関する引渡，保険手配，費用負担，危険負担等について売主・買主どちらが負担（責任）を負うかを定めたものである。インコタームズ®は1936年の制定以来幾度となく改定され，最新版はインコタームズ®2020（ICC Pub.723）である。インコタームズ®は，例えば，製品輸出後にインド洋上においてサイクロンに遭遇し，製品を載せた船が沈没し，製品を失った場合，この製品について売主，または買主のどちらがその責めを負うのかということを決めるものであり，さらに，売主・買主それぞれの費用負担（物流費など）の負担を示すことから，製品の価格条件とも密接に結びつく重要な条件である。したがって，後述する売買条件においては次のような表記をしばしば目にすることであろう。

**FOB Yokohama/CIP Rotterdam/DDP New York**

なお，インコタームズ®はあくまで売買における各種費用や危険負担などの統一解釈を示したもので，所有権の移転を示したものでない。

これらインコタームズ®の条件は，大別して以下の4つに分類される。

① **E条件**：基本的に売主の責任は工場までで，買主はその工場で引き取り，あとはすべて買主の費用と責任において買主の国まで運ぶ。例えば，EXW（工場渡）[1]条件などはその代表例である。

② **F条件**：売主は，売主国の港まで運び，そこまでの運賃や保険などは売主の費用であり，責任も売主が負う。ただし，船積後は船などの手配を含めて買主の費用と責任において運ぶ。FOB（Free on Board；本船渡）[2]条件や

---

[1] 売主のリスクも費用も負担は売主の工場までとするもの。
[2] 売主のリスクも費用も買主が指定した本船の甲板に貨物を置いた時点までとするもの。

FCA（Free Carrier；運送人渡）[3]条件などはその代表例。
③ **C 条件**：売主は買主の国までの費用（場合によっては保険など）を負担し，船などの手配もするが，危険負担だけは売主の港（船）までであり，輸送途上の危険は買主が負担するもの。CIF（Cost, Insurance and Freight；運賃，保険料込渡。海上運送のみ）[4]や CFR（Cost and Freight；運賃込）[5]，CIP（Carriage and Insurance Paid to；輸送費，保険料込）[6]条件が代表例。
④ **D 条件**：売主が運賃などの物流費用，保険，危険負担すべてを負って買主のところまで運ぶ。買主の負担はほとんどない。DDP（Delivered Duty Paid；関税持込渡）[7]条件が代表例。

なお，国際輸送の進展に伴い，インコタームズ®も変化している。例えば，昔使われた C&F などはインコタームズ®2020 の条件にはない（CFR という条件が相当する）が，慣習的に利用されている。ただし，これら条件は，現在の輸送条件に合うかどうかは疑問である。また，複合一貫輸送において，FOB ではなく FCA が推奨されているのは，もはや FOB 条件を選択することは適切でなく，運送人に引渡す場所をもってリスクが移転する FCA を選択するのが適切であるからだ。複合一貫輸送にもかかわらず，FOB 条件としたがために解釈に微妙な問題を生じさせるおそれがあり，正確な条件を使うようにしたいものである。以下に具体的な使い方の例を 2，3 示す。

[例 1] FOB Yokohama
　海上運送のみによる取引。
　売主は，横浜港における買主が指定した本船の甲板に貨物を置くまでの梱

---

3）売主のリスクも費用も運送人に引渡す場所までとするもの。
4）売主のリスクは FOB 同様本船の甲板に貨物を置いた時点までとする一方，運賃や保険料は輸入国の通関までの費用を売主が負担するもの。
5）売主のリスクは FOB 同様本船の甲板に貨物を置いた時点までとする一方，輸入国までの運賃費用は売主が負担するもの。
6）売主のリスクは FCA 同様運送人に引渡す場所までとし，運賃や保険料といった費用は輸入国の通関まで売主が負担するもの。
7）売主のリスク，費用，関税すべてについて売主が負担するもの。

包，輸送，輸出手続を行い，これらの費用などを負担し，その船の甲板に貨物を置くまでの危険について負担する。

買主は，横浜寄港の在来船舶の手配，輸入港での荷揚げ，輸入通関，買主指定の倉庫までの運送の各手続を行い，それら手続において発生した費用を負担し，船の甲板に貨物を置いて以降の危険について負担する。

[例2] CIP Rotterdam

複合一貫輸送による取引。

売主は，運送手続は工場出しからロッテルダム港までを負担し，輸出国における通関手続も行う。また，輸出品の保険手配も行う。これらに要した費用については売主にて負担するが，危険負担は運送人に引き渡すまでである。

買主は，手続については輸入国到着後の輸入通関，買主指定倉庫までの運送について行い，それらに要した費用を負担する。ただし，危険負担は売主が運送人に引き渡してから輸入国での倉庫までを負担する。

──→費用負担と危険負担が違うことに注意。

[例3] DDP New York

複合一貫輸送による取引。

売主は，運送，輸出入通関，保険などをニューヨークの買主指定の場所まで手続を行い，費用を負担し，危険負担も行う。買主は，売主から引き取るだけである。

──→売主にとっては最も厳しい条件といえる。

なお，上記3条件についての費用や危険負担を図で示す。

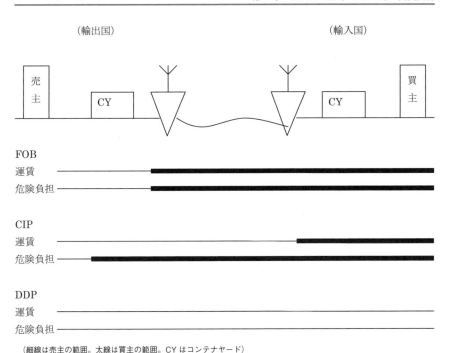

（細線は売主の範囲。太線は買主の範囲。CY はコンテナヤード）

　売主・買主の適切な引渡条件や価格条件を考えるうえでも，国際商業会議所発行のインコタームズ®最新版は携帯し，各条件を確認するとよい。

## 4.3　売買契約 (Sales Note) の一般的な条件

### 4.3.1　標準フォームの使用

　ここにいくつかの標準フォームがあるが，あくまでこれは一般的な内容であって，これですべての売買条件を網羅できるとは限らない。ただ，頭の整理にはよいと思われるため一例を以下で紹介する。

［例］

## SALES CONTRACT

The following matters to be on the face of this sales note with including the above title

## "SALES CONTRACT"

Buyer's Name (　)
Buyer's Address (　)
Date (　) (　) , (　)
Your Ref. No. (　)
Our Ref. No. (　)
Contract No. (　)
Seller's Name (　)
Seller's Address (　)

We, as Seller, hereby agree to sell you, as Buyer, the Products subject to the following Terms and Conditions :

1. COMMODITY (　)
2. QUANTITY (　)
3. QUALITY (　)
4. UNIT PRICE (　)
5. TOTAL PRICE (　)
6. TRADE TERMS (　)
7. DATE OF SHIPMENT (　)
8. DESTINATION (　)
9. PAYMENT (　)
10. PACKING & MARKING (　)
11. INSURANCE (　)
12. REMARKS (　)

Refer to General Terms and Conditions on the back hereof.
Accepted by the below :
Buyer's Signature (　)
Seller's Signature (　)

　ここまでは売買契約書の表書きにおいて記載される。個別売買契約条件で必須の内容が表書きに記載される。なおこの内容が先の信用状の条件にも参照されるため製品名

(個数や価格なども含めて)の誤りがないようにしたい。

以下はいわゆる「裏面約款」といわれる個別売買契約の条件である。

## GENERAL TERMS & CONDITIONS

### 1) Basic (基本)

基本としてこの約款が表面の条件(価格や保険など)とどのような解釈順位に立つかが規定される。表面の条件が個別条件であるので優先されることはいうまでもない。

These general terms and conditions shall apply, except to the extent that any contrary provisions are set forth on the face hereof :

### 2) Quality and Quantity (品質および量)

ここでは輸送上や自然の結果として製品などが損害を受けた,あるいは劣化した場合に売主には責任がないことを規定する。

Seller shall not be held responsible for any damage or deterioration in quality or loss in weight and unit during transit or due to natural causes.

### 3) Shipment (船積)

船でFOBやCIF条件で船のスペースが確保できなかった場合では買主が責めを負うこと。また,船荷証券の日付が船積日であること。さらに,戦争などの条件における追加費用は買主の負担とすることなどが規定されている。

Shipment within the time stipulated shall be subject to space being available. In case of FOB and CIF contract, if Buyer fails to provide space in time, Buyer shall be held responsible for all the expenses, losses, risks, etc. incurred either directly or indirectly through or after such failure. The date of a Bill of Lading shall be taken as conclusive evidence of the date of shipment. Any additional freight imposed owing to war or to declaration or our break of war or to other circumstances is to be paid by Buyer.

### 4) Payment (支払)

支払条件,とくに信用状(取消不能,確認付)の開設手順などが規定され,また支払が買主からなされない場合には,遅延利息を含む損害賠償の責めを買主が負うこととされる。また買主からの製品代金の全額が支払われるまで商品について,売主に所有権があるとした。

The payment shall be made by means of an irrevocable and confirmed letter of credit without recourse, in favor of seller and with terms any satisfactory to Seller. The letter of credit shall cover the full contract amount ; shall be established through a prime-bank immediately after the date of this Contract, shall be negotiable on sight draft and shall be valid for negotiation of the relative draft for at least (15) days after the last date of the month of shipment.

The letter of credit shall authorize reimbursement to Seller for any expenses incurred by Seller on account of Buyer pursuant hereto, and shall authorize partial payment against partial delivery. If Buyer fails to satisfy any payment terms of this contract, Seller at Buyer's expenses and risk may resell all or any part of Products on account of Buyer, may hold all or any part of the Products on account of Buyer, may cancel all or any part of this contract and/ or may claim any damages resulting from such breach. Any bank charges arising in connection with payment hereunder shall be borne by Buyer. In the event of late shipment of any amount due hereunder, Seller shall, in addition to any other remedy, be entitled to interest at the maximum rate allowed by law in the country of Buyer. Seller shall retain, for security purposes, full title to all Products covered hereby until Seller has received the full contract amount therefore.

### 5) Insurance（保険）

　保険については「戦争危険」に対する保険は売主の CIF 条件では含まないとされ，戦争危険が必要である場合には売主の判断で買主の費用で付保することができるとした。

Unless otherwise mentioned, war risk is not included in the CIF prices agreed upon. Seller may, if he considers it necessary or advisable to do so, insure against war risk for the account of Buyer, but shall not be obliged to do so, under any circumstances. In case business is included as "WAR RISK inclusive" Seller is to cover it at the rates and conditions fixed by an insurance company at the time of contract, but all fluctuations of these rates and alterations of conditions to be for Buyer's risk and account.

### 6) Increased Costs（増加コスト）

　船に関する増加費用（運賃上昇など）については，その費用を買主が負担するというもの。なお輸入税はそもそも買主負担である。

If Seller's costs of performance are increased after the date of the contract by reason of increased freight rates (including any freight surcharge) or change of voyage schedule, destination or vessel, or taxes or other governmental charges, or if any charges in exchange rate increases Seller's cost or reduces Seller's return, Buyer agrees to compensate Seller for such increased cost or loss or loss of income. However, all import duties shall be paid by Buyer, regardless of any change in the amount of any such duties.

### 7) Claim (製品クレーム)

製品のクレームについての手続である。商品到着後 14 日以内 (ケーブルで第一報)，15 日以内 (郵便で詳細なクレーム) にしなければ売主に対してクレームしたとはみなされない規定である。

No complaint will be recognized unless made so as to reach Seller by cable within fourteen (14) days after discharging of the Products from the vessel at the port of destination. Full particulars of such claim shall be made in writing and forwarded by registered mail to Seller within fifteen (15) days after cabling. Buyer shall submit with prime sworn surveyor's reports when the quality or quantity of Products delivered is in dispute.

### 8) Force Majeure (不可抗力)

不可抗力 (自然災害や疫病，暴動など) に関する規定。そのような不可抗力の事態において売主は責めを負わないとするもの。

In the event of prohibition of exportation, refusal to issue export license, Act of God, war blockage, revolution, insurrection, mobilization, strikes, lockout, civil commotion, riots, plague, other epidemics, destruction of Products by fire, floods or any other causes beyond the control of Seller, Seller shall not be liable for non-delivery of all or any part of the Products and Buyer is bound to accept the delayed shipment made within the reasonable time or to accept the cancellation of all or any part of this contract as the case may be.

### 9) Cancellation (キャンセル)

契約の解除に関する規定。ここでは買主における契約不履行，破産といった場合について売主の権利 (契約解除や出荷差止など) を規定する。

If Buyer fails to any carry out any of the terms of this and/or any other contract with Seller, or in the event of death, bankruptcy or insolvency of Buyer, liquidation or modification of the corporate structure of Buyer or nonpayment for any shipment, Seller shall have the

*123*

right to cancel this and/or any other contract with Buyer or to postpone the shipment, or to stop the Products in transit, and Buyer is bound to reimburse Seller for any loss sustained therefrom.

### 10) Patents（特許）
特許などの知的財産権については買主が売主を保護する規定である。

Buyer shall hold Seller harmless from liability loss or expense in connection with any alleged infringement with regard to any patent, trademark, copyright, design, pattern, etc., used by Seller.

### 11) Liability of Agent（代理人の責任）
これは，買主の代理人が契約した場合にはその代理人が代理人としてだけではなく買主本人と同じような義務履行の責めを負うことについて規定する。

If the contract is signed by an agent or behalf of a principal as Buyer hereunder, whether the principal is disclosed or otherwise, the agent shall be liable not only as agent but also for the performance of the obligations of Buyer as principal under this contract. This provision shall not affect Buyer's obligation as principal under this contract.

### 12) Construction（解釈）
ここでは適用される規定を挙げている。いわゆる荷為替信用状規則（UCP）とインコタームズ®である。また準拠法は日本法としている。

The meanings of any term used herein and the obligation of both parties shall, to the extent that they may be applicable, be determined in accordance with the Uniform Customs and Practice for Documentary Credit and Incoterms® adopted by the International Chamber of Commerce and in effect on the date of this contract. This contract shall be governed by the laws of Japan.

### 13) Remedies（治癒）
この契約の条件について履行しないことから生じた損害のクレームや請求はその損害を被ったか知ったかのどちらかで 30 日以内に通知しなければならない。同期間内に通知しない場合にはそのような請求は放棄したものとみなす，という規定である。

If either party shall claim any damages or seek for remedies for a failure by the other party to perform any provision of this Contract in whole or in part in any manner, such party shall, within thirty (30) days after sustaining such damage or becoming to know such event of failure or breach of performance of any provision, make a written statement to the other party describing the nature of such failure or breach and the damage sustained and essential details thereof. Should such party fails to make such statement to the other party within thirty (30) - day period, its claim for compensation and the entitlement to the all other remedies shall be deemed to be forfeited and waived and upon expiration of such thirty (30) - day period such claim for damages and all legal or equitable remedies shall be lost.

### 14) Inspection (検査)

検査機関（日本の検査機関，製造業者，売主など）を最終の製品検査機関とし，買主がとくに求める場合には，その旨連絡し，その費用は買主が負担する。

Unless otherwise instructed by Buyer, export inspection by Japanese Authorities, Manufacturers or Seller shall be considered as final. When Buyer requires a special inspection by an independently appointed inspector, Buyer shall inform Seller of the name of such inspector at the time of this Contract and such special inspection shall be made promptly upon delivery but in any event within two (2) weeks, and the inspection fee in such case shall be borne by Buyer.

### 15) Warranty (保証)

ここは保証条件について規定している。売主はその仕様書どおりであることを保証することとし，それ以外の保証は負わないという規定が詳細に述べられている。つまり，売主の保証範囲，期間，保証内容，保証外の事項（不適切な使用による損害）および間接損害，結果損害を負わないこと。また，ここで述べられた以外の明示，黙示の保証は排除する規定である。

Seller warrants that any Products delivered hereunder are free from defects in material and workmanship and meet Seller's performance specifications. Unless otherwise specified in the Warranty Statement for a piece of Products, (a) Seller liability under this warranty is limited to repairing or replacing or issuing credit for (in the discretion of Seller) any product delivered hereunder not conforming to this warranty ; (b) this warranty is limited to the 60 day period commencing with the date of shipment of the Products ; (c) minor deviations from specifications which do not affect performance of the Products covered hereby are excluded from this warranty ; (d) Seller shall not be liable under this warranty unless (i) Seller is promptly notified in writing by Buyer upon discovery of the failure of any product to conform to this warranty, (ii) such Products are returned to Seller, transportation charge prepaid by Buyer (iii) such product is received by Seller not more than ten (10) days after the last day of the 60 day warranty, and (iv) Seller's examination of such Products shall disclose to Seller's reasonable satisfaction, that such defects or failure have not been caused by misuse, neglect, improper installation, repair, alteration or accident ; (e) as for any defect no in conformity with the foregoing warranty, Seller shall replace such Products free of charge and such replacement shall be the only liability of Seller in respect of such defects and Seller hereby disclaims any other liability, such as but not limited to damages whether contractual or in torts, or whether direct or otherwise ; and (f) the foregoing shall constitute Seller's entire warranty expressed, implied and/or statutory (except as to title), and states the full extent of Seller's liability to Buyer or to any other party for any breach of such warranty and for damages, whether direct, special or consequential, resulting from any breach ; and (g) other than as expressly provided in this Contract, no warranty is made as to the merchantability of the Products to be delivered hereunder, nor is any warranty made as to the fitness of such Products for any particular purpose.

### 16) Arbitration (仲裁)

すべて紛争は仲裁で解決し，日本の商事仲裁協会でもって解決を図る。

All disputes, controversies, or differences which may arise between the parties hereto, out of or in relation to or in connection with the contract, shall be settled by Contract of both parties as promptly as possible, but failing amicable settlement, shall be settled by arbitration in Japan in accordance with the rule of the Japan Commercial Arbitration Association, whose award shall be final and binding upon both parties.

　冒頭では，一般的なものについて触れている。しかし，第1章で述べたように，製品の特質を理解せず雛形で契約書を片付ける愚を冒すのは避けていただきたい。
　後半は，標準契約書の逐語的説明よりも，売買契約書の契約上押さえるべき重要項目についてまとめている。

### 4.3.2　製品，品質条件

　ここでは，まず単品ものとプラント機器とに分けて考えたいが，まず押さえる

べきことは,正確に製品名が記載されているか,部品,機械などの販売商品数(員数)は正確か等である。これは前述したように,信用状取引のものは買取用の船積書類の表示にも絡む(信用状と Invoice, Packing List でのディスクレを生じさせない)ため,細かい話だが必ずチェックすべきである。

[例]
"Products" shall mean the Products manufactured by Seller and purchased, imported, marketed and promoted by Buyer, as listed in the Appendix X attached hereto and made a part hereof.

"Products" means equipment, machinery, apparatus, materials, articles and things of all kinds to be provided by Seller under the Contract (including the spare parts for construction, Precommissioning, Commissioning, Performance Test in accordance with GC XX hereof) for incorporation into or construction and operation of the plant as more particularly described in the Appendix to the Contract.

なお,契約上で,製品に関して荷姿(シッピングマーク)や梱包についてどのような指示で行うのかといった規定は,以下のように明記されることが多い。

[例]
Seller shall, at its expense, pack all Products in accordance with Seller's standard packing procedure, which shall be suitable to permit shipment of the Products ; provided, however, that if Buyer requests a modification of those procedures, Seller shall make the requested modification and Buyer shall bear any reasonable expenses incurred by Seller in complying with such modified procedures which are in excess of the expenses which Seller would have incurred in following its standard procedures.

### 4.3.3 契約金額

契約金額については,まずインコタームズ®の条件と絡めて建値を設定すべきであろう。本章4.2で述べたように,インコタームズ®は売主・買主間の費用についても定めており,運賃などの諸掛や保険,税関での輸出入税などが関係するからである。したがって,価格の建値もそのような条件を加えておくべきである。
また,価格については,発注から納期が短いものや在庫品であればよいが,な

かには中長期の納期（プラント機器など）の製品もある。その場合，例えば，外貨建ての契約金額である場合には，契約から輸出，入金までの為替リスク，あるいは原材料変動のリスクにさらされることになる。そこで，そのような取引においては事前にエスカレーション条項[8]を設けることで，そのような為替リスクや原材料の変動リスクをヘッジすることができる。その条件についても考慮すべきであろう。

　また，製品によっては据付工事といった若干の工事やその監督といったものもあるかもしれない。その場合には，機器部分と工事や監督部分とに分けて規定するべきである。大抵は Bill of Quantity（商品明細書）上において記載されることが予定されているが，これも確認すべきであろう。

[例]

**単純なもの**

Buyer shall purchase the Products from Seller, and Seller shall sell the Products to Buyer at the prices set forth in Appendix X attached hereto and made a part hereof, in accordance with the terms and conditions of this Contract. The Price of each Products shall be CIF Los Angeles.

**詳細に分かれる場合**

Buyer hereby agrees to pay to Seller the Contract Price in consideration of the performance by Seller of its obligations hereunder. The Contract Price shall be the aggregate of :

(1) Foreign Currency Portion [here set out the amounts and the currency or currencies concerned]

and

(2) Local Currency Portion [here set out the amount of local currency].
　A breakdown of the Contract Price is given in Appendix X (Breakdown of the Contract Price) hereto.

--------

8）契約締結後における原材料や為替の変動（主に高騰の事態が多いが）があった場合に備え，契約上の条件として一定の調整式を設け，その調整式に基づいて将来起こるであろう原材料や為替の変動のリスクに対応するもの。

## Escalation Clause

If the cost of materials or wages changes during the life of the Contract, the price for the Products in the Contract will be subject to amendment up to plus or minus USD / JPY in accordance with the following formula :

$P = Po \times (a + b \times M/Mo)$

Where

$P$ = The adjusted price of each element payable to Seller.

$Po$ = That part of the Base Price at the date of signing the Agreement (hereinafter referred to as the "Base Date") which is the subject of adjustment at the due date of each payment as stipulated in Paragraph 2 hereof.

$a$ = Agreed percentage of profit or overhead component of each element in the Base Price.

$b$ = Agreed percentage of material component of each element in the Base Price.

$Mo$ & $M$ = For foreign currency portion of each element :

Materials induce in _____ (country) at the Base Date and the date for adjustment respectively as published by _____ under the heading _____ for _____ (category of materials) reflecting the characteristics of each element.

For local currency portion of each element :

Materials induce in the country where the Site is located at the Base Date and the date for adjustment respectively as published by _____ under the heading _____ for (category of materials) reflecting the characteristics of each element.

### 4.3.4 支払

すでに述べたように，支払手段を信用状とするか，あるいは D/A や D/P，さら

に TTR とするかについては，相手方の与信状況などを見ながら判断すべきである。なお，製品によっては，船積時に一括で支払われる場合が多いが，プラント機器などでは，契約時の前払いに始まり，図面承認時，製品検査時，船積時，引渡時，瑕疵担保期間満了時等，それぞれのマイルストーンで支払われることがある。これも製品の特質に合わせて判断すべきであろう。なお，留保金が設定される場合には，できるだけ保証状の差入れでもって早めに回収するのが得策である。売主が差し入れる保証状については，本章 4.3.14 で述べる。

[例]
**信用状による支払（支払遅延についても規定）**
Buyer shall make payment for the Products by means of an irrevocable and confirmed letter of credit without recourse, in favor of Seller and with terms any satisfactory to Seller. The letter of credit shall (i) cover the full contract amount ; (ii) be established through a prime-bank immediately after the date of this Contract, (iii) be negotiable on sight draft, and (iv) be valid for negotiation of the relative draft for at least fifteen (15) days after the last date of the month of shipment.

The letter of credit shall authorize reimbursement to Seller for any expenses incurred by Seller on account of Buyer pursuant hereto, and shall authorize partial payment against partial delivery. Any bank charges arising in connection with payment hereunder shall be borne by Buyer. If Buyer fails to satisfy any payment terms of this Contract, Seller at its sole discretion and at Buyer's expense and risk may resell all or any part of Products on account of Buyer, hold all or any part of the Products on account of Buyer, cancel all or any part of this Contract and/or claim any damages resulting from such breach.

In the event of late payment of any amount due hereunder, Seller shall, in addition to any other remedy it may have hereunder or at law, be entitled to interest at the maximum rate allowed by law in the country of Buyer or XXXX percent (XXXX%) per annum, whichever is greater, on such late payment until payment is received in full. Seller shall retain, for security purposes, full title to all Products covered hereby until Seller has received the full contract amount therefore.

### D/A の場合

Buyer shall pay to Seller, based on Documents against Payment at sight.

### 電信送金の場合

All payments shall be made in United States Dollars. Payment for the Products shall be made by Buyer by telegraphic transfer to the bank account (s) designated by Seller within XXXX days after the execution of this Contract. Unless otherwise agreed between the Parties, invoices shall be issued and mailed by Seller to Buyer upon such execution.

### 4.3.5　検　査

　製品検査については，下記のように「いつ，どこで，誰が」検査するのか留意すべきである。

　いつ，どこで製品検査を行うかについては，売主国の工場敷地内なのか，それとも製品の輸入国到着時の検査か，それとも輸入国の工事現場なり搬入後，または据付時の検査か――これは製品ごとに異なるため一概にはいえないが，買主とも協議のうえ，あらかじめ決めておくべきである。

　次に誰が検査するかであるが，員数や外見検査から，製品自体の性能検査といった場合には，製造者，あるいは受入れ側の検査でよいのか，第三者検査機関を起用し（起用する場合は輸出者か，輸入者か）そこの検査に委ねるのか――といった内容である。また検査費用については（とくに第三者検査機関を利用した場合なども）どちらが負担するかについても取り決めなければならない。

　さらに検査の結果不具合が見つかった場合，それは誰がいつまでに通知し，その後についてはどのように対応するか（交換，修理など）についても定めておくべきであろう。

### ［例］

Unless otherwise stated on the face of this Contract, any export inspections by Japanese authorities, manufacturers or Seller shall be considered as final. When Buyer requires a special inspection by an independently appointed inspector, Buyer shall inform Seller of the name of such inspector at the time of this Contract and such special inspection shall be made promptly upon delivery but in any event within two (2) weeks, and the inspection fee in such case shall be borne by Buyer.

Promptly upon the receipt of Products, Buyer shall examine the Products to determine whether any Product included in the shipment is in short supply, defective or damaged. Within ___ days of receipt of the Products, Buyer shall notify Seller in writing of any shortages, defects or damage, which Buyer claims existed at the time of delivery. Within ___ days after the receipt of such notice, Seller will investigate the claim of shortages, defects or damage, inform Buyer of its findings, and deliver to Buyer Products to replace any which Seller determines, in its sole discretion, were in short supply, defective or damaged at the time of delivery. Unless notice is given as provided in this Section, Buyer shall be deemed to have accepted such Products and to have waived all claims for shortages, defect or damage.

### 4.3.6 船積／引渡

　まずはインコタームズ®の条件を確認し，どの時点で売主と買主の引渡（危険負担の移転）がなされるかをよく把握すべきである。なお，このインコタームズ®の条件にさらに追加条件を付す場合，例えば，CIP条件であるが，現地の事務所まで運んでほしい（D条件ではないが，運賃を負担してほしい）といったこともあるので，インコタームズ®以外にどのような付加条件があるか明確にしておくべきであろう。

　さらに，中近東向けの船積では，輸入者側から積載する船がアラブボイコットとの関係でさまざまな制限を設ける（例えば，船の寄港地にはイスラエルの港がないことや船籍がイスラエル船籍でないことなど）場合がある。見落としがちになるが，あくまで取引先の指示どおりに船積する必要があるので注意が必要である。また，大規模なプラント機器の輸送ともなれば，「船ごと丸借り」いわゆる傭船ということもあろう。この場合になると傭船の費用だけでなく，荷出港および荷降港でのステベ（Stevedore；船内荷役人）費用などはどちらが持つのか，また船積に手間取り，滞船料が発生した場合にはどちらが負担するのかなどをあらかじめ決めておかなければならない。

　また，船積後における引渡しは，支払や保証の開始時点，所有権の移転，さらに引渡に納期とも絡み，遅れた場合の納期遅延ペナルティーを考えると，引渡は

第 4 章　Sales Note（T's & C's）　売買契約

まさに契約上重要なマイルストーンである。したがって，引渡がどの時点（船積時等）でなされるのかを契約上に記載するのはいうまでもない。

通常単なる製品の引渡は，インコタームズ®のE条件やF条件，C条件やD条件の危険負担条件と同様の扱いで引き渡すことが多い。ただ，場合によっては買主国での検査完了をもって引き渡すこともあり得るし，相手方の与信や相手国の法制度如何では，支払が済むまで所有権を留保することもあり得る。時間軸でいうならば，F条件やC条件では船荷証券の発行日が多用される。

さらに，引渡前には，検査だけではなくさまざまな条件が付されていることもある。とくにプラント機器での引渡では，試運転や性能試験といったことが盛り込まれることになる。単純な製品売買のみであればよいが，プラントに組み込まれる製品である場合には，試運転から性能試験までの費用や手順，期間，不具合のあった場合の対応など，きめ細かな条件付けをすべきであろう。

[例]
All deliveries of Products sold by Seller to Buyer pursuant to this Contract shall be made on the basis of F.O.B. and title to and risk of loss of Products shall pass from Seller to Buyer at the time when Products have effectively passed the vessels rail at the port in Japan. Buyer shall be responsible for arranging all transportation of Products, but if requested by Buyer, Seller shall, at Buyer's expense, assist Buyer in making such arrangements. Buyer shall also procure insurance for the transportation of the Products, and such insurance shall be of a kind and on terms current at the port of shipment. In the event that Seller is requested to assist Buyer in arranging for transportation, Buyer shall reimburse Seller for all costs applicable to the Products following their delivery to Buyer, including, without limitation, insurance, transportation, loading and unloading, handling and storage. Buyer shall pay all charges, including customs duty and sales tax, incurred with respect to the Products following their Delivery to the carrier or forwarder.

Promptly upon the receipt of a shipment of Products, Buyer shall examine the shipment to determine whether any item or items included in the shipment are in short supply, defective or damaged. Within _____ days of receipt of the shipment, Buyer shall notify Seller in writing of any shortages, defects or damage which Buyer claims existed at the time of delivery. Within _____ days after the receipt of such notice, Seller will investigate the claim of shortages, defects or damage, inform Buyer of its findings, and deliver to Buyer Prod-

*133*

ucts to replace any which Seller determines, in its sole discretion, were in short supply, defective or damaged at the time of delivery. Unless notice is given as provided in this GC, Buyer shall be deemed to have accepted such Products and to have waived all claims for shortages, defect or damage.

**プラント機器における引渡**
(機器の船積，条件，検査，試運転などの一連の工程を経て，最終的に性能保証試験でもって引渡となっている。)

### Acceptance

Subject to GC XX (Partial Acceptance and Partial Use) below, Acceptance shall occur in respect of any Technical Document or item of Products when :
(a) the relevant Performance Test of the Plant or any part thereof which relates to or includes such Technical Document or item of Products has been successfully completed and the relevant Performance Guarantees are met ; or
(b) for reasons not attributable to Seller, the relevant Performance Test of the Plant or any part thereof which relates to or includes such Technical Document or item of Products has not been successfully completed, or has not been carried out, within the period specified in the Contract ; or
(c) Seller has paid the liquidated damages in respect of the Performance Guarantees of the Plant or any part thereof which relates to such Technical Document or item of Products ; or
(d) Buyer commercially uses the Plant or any part thereof which relates to such Technical Document or item of Products.

At any time after any of the events set out in the above conditions has occurred, Seller may give a notice to Buyer requesting the issue of an Acceptance Certificate hereto in respect of the Technical Documents and items of Products specified in such notice as at the date of such event.
Buyer shall within seven (7) days after receipt of Seller's notice issue such Acceptance Certificate.

If, within seven (7) days after receipt of Seller's notice, Buyer fails to issue the Acceptance Certificate or fails to inform Seller in writing of any legitimate reasons for Buyer's failure to issue the Acceptance Certificate, the Technical Documents and items of Products specified in Seller's notice shall be deemed to have been accepted as at the date of the relevant event set out herein.

### 4.3.7 予定損害賠償

これは，略語で「リキダメ」といわれる予定損害賠償，すなわち Liquidated Damages のことである。製品の納入にあたり，納期遅延が起こった場合の損害，あるいは性能保証において一定の性能が達成されない場合の損害に関する，未達成部分についての予定損害賠償額を設定，両者で合意し，その実損害に代えるものである。ある国の法制度ではこれを罰（Penalty）とすることはできないことから，契約上においても Penalty としないことも規定することがある。

なお，納期遅延の場合には，週単位の遅れで一定の料率を納期遅延分または契約金額全体に対して乗ずることで予定損害賠償を設定する。さらに，性能未達成の場合でも，ある料率を設定，支払うことで検収（引渡）されたとみなすようにしている。

[例]
If Seller fails to achieve Delivery of any category of Technical Documents or Products within the Time for Delivery applicable thereto as specified in Article XX (Time for Delivery) above or within any extended time to which Seller shall be entitled under Article XX (Extension of Time for Delivery), Seller shall pay to Buyer by way of liquidated damages, the following amount per [day] in respect of the delayed category :

(1)
(2)
(3)

The parties agree that the damages likely to be suffered by Buyer in respect of delay for each category cannot be pre-estimated. The figures in this Article 5.3 are the figures that have been agreed as the damages to be payable for delay in Delivery of each category.

> The resulting damages shall be paid as liquidated damages and not as a penalty. The total aggregate amount of damages for delay for all categories shall in no event exceed ... per cent (...%) of the Contract Price.

### 4.3.8 瑕疵担保保証

　この条件は売主・買主ともに一番議論となる条件である。製品を売買する以上，その製品に何らかの瑕疵があった場合，その保証をしなければならないことはいうまでもない。しかし，その保証といっても，どこまで保証するのかを明確にする必要がある。そこで，契約では保証に関して次の点を考慮すべきであろう。

- **保証内容**：製品の何を保証するのか（見本，あるいは図面や仕様書どおりであることか。または，目的に合ったことか）。逆に保証しない（瑕疵ではない）場合はあるのか。指示どおりに使用しない場合や通常の消耗，磨耗，錆や腐食や瑕疵にあたるかどうかで大きく異なる。
- **保証期間**：製品の引渡後どのくらいの期間（何日，何ヵ月，何年）保証するのか。また，船積から引渡までかなりの日数がかかる（プラント据付機器の場合には，長期を費やすことがある）場合には，2つの時系列で考え，「船荷証券の日からXヵ月あるいは引渡の日からYヵ月のどちらか早い方」という区切りもある。留意すべきは，プラント機器の場合，プラント全体の保証期間に引きずられる可能性があることである。個別構成機器とプラント全体の保証期間についてはずれがあるが，得てして個別機器もプラント全体に左右されるため，分離可能かを事前に議論すべきであろう。また，瑕疵担保期間中に取り替えた製品の保証期間について当社製品の保証期間と同様とするのか，また取替えは1回限りとするのか等，取り替えた製品の保証期間をどう設定するかについて議論すべきである。

[例]
**製品の一般的な保証条件**
Seller warrants that any products delivered hereunder are free from defects in material and workmanship and meet Seller's performance specifications. Unless otherwise specified in the Warranty Statement for a piece of Products, (a) Seller liability under this warranty is

limited to repairing or replacing or issuing credit for (in the discretion of Seller) any product delivered hereunder not conforming to this warranty ; (b) this warranty is limited to the 60 day period commencing with the date of shipment of the products ; (c) minor deviations from specifications which do not affect performance of the products covered hereby are excluded from this warranty ; (d) Seller shall not be liable under this warranty unless (i) Seller is promptly notified in writing by Buyer upon discovery of the failure of any product to conform to this warranty, (ii) such Products are returned to Seller, transportation charge prepaid by Buyer (iii) such product is received by Seller not more than ten (10) days after the last day of the 60 day warranty, and (iv) Seller's examination of such products shall disclose to Seller's reasonable satisfaction, that such defects or failure have not been caused by misuse, neglect, improper installation, repair, alteration or accident ; (e) as for any defect no in conformity with the foregoing warranty, Seller shall replace such products free of charge and such replacement shall be the only liability of Seller in respect of such defects and Seller hereby disclaims any other liability, such as but not limited to damages whether contractual or in torts, or whether direct or otherwise ; and

### 4.3.9 保証範囲

　一言で保証範囲といえば，通常であれば瑕疵製品の修理，取替えなどが想定される。また，製品によっては返品に伴う返金もある。また，製品のサイクルが早いような場合には，代替品（機種の違うもの）の納入もあり得る。さらに交換した部品や製品の処理を，誰が，誰の費用で行うのかも確認しておくべきであろう。
　ここでは，売主の立場に立つならば逆に「何を保証しないか」を定めておくことも決めておかなければならない。もしその点について何らの合意もなければ，準拠法に従い，各国で定められた商法，民法や契約法に従って解釈されるからである。

［例］
The foregoing warranty conditions shall constitute Seller's entire warranty expressed, implied and/or statutory (except as to title) , and states the full extent of Seller's liability to Buyer or to any other party for any breach of such warranty and for damages, whether direct, special or consequential, resulting from any breach ; and (g) other than as expressly provided in this Contract, no warranty is made as to the merchantability of the Products to

be delivered hereunder, nor is any warranty made as to the fitness of such Products for any particular purpose.

### プラント機器の場合

The Defect Liability Period in respect of any Technical Document and any item of Products shall commence at Delivery of that Technical Document or item of Products and expire twelve (12) months after the date of Acceptance of that Technical Document or item of Products provided however that no Defect Liability Period shall expire later than [ _____ ] months after the date of Substantial Delivery (the expiry date of such [ _____ ] month period shall be referred to as the "Longstop Date") .

Seller guarantees that the Technical Documents and the items of Products shall be free from defects ("defect" in this GC XX meaning any nonconformance with the requirements of the Contract) after Delivery and during the relevant Defect Liability Period.

If, during the relevant Defect Liability Period, any defect should be found in the Technical Documents or the Products and notified by Buyer, Seller shall promptly and at its cost (provided however that Seller is entitled to insurance proceeds for such defect paid under the relevant insurance procured for the Plant) correct such defect in the Technical Documents or repair, replace or otherwise make good (as Seller shall, at its discretion, determine) such defective Products and/or re-supply Products at the Site in accordance with the corrected Technical Documents, as the case may be, provided however that Buyer is responsible for the dismantling of the defective Products from the Plant and re-installation of the repaired, replaced, otherwise made good or re-supplied Products into the Plant or other reconstruction and associated works of the Plant due to such defect.

Seller's obligations under this GC XX shall not apply to :
(1) any defect arising out of or resulting from (a) improper handling, storage or installation of the Products or improper erection, operation or maintenance of the Plant or (b) handling, storage or installation of the Products or erection, operation or maintenance of the Plant not in accordance with Technical Documents ;
(2) erosion or corrosion ;
(3) normal wear and tear ;
(4) any design, specifications or data or Products, materials, and other supplies for or in relation to the Technical Documents or items of Products which are designed, sup-

plied or specified by or on behalf of Buyer except for the work executed by Buyer ;
(5) any items of Products or parts of them which are normally consumed in operation or which have a normal life shorter than the Defect Liability Period stated herein ; or
(6) any addition, deletion, revision, or modification of the Technical Documents after Delivery without written endorsement by Seller.

Buyer shall give Seller a notice stating the nature of any such defect in the Products or the Technical Documents together with all available evidence thereof promptly following the discovery thereof, and in any event no later than fourteen (14) days after the expiry of the relevant Defect Liability Period. Buyer shall afford all reasonable opportunity for Seller to inspect any such defect.

Buyer shall afford Seller all necessary access to the Plant and the Site to enable Seller to perform its obligations.

Seller may with the consent of Buyer remove from the Site any Products or any part thereof which is defective if the nature of the defect is such that repairs cannot be expeditiously or economically carried out at the Site.

Buyer may give to Seller a notice requiring that tests on the remedial work performed by Seller on the relevant parts of the defective Products or the Technical Documents (the tests to be agreed by Buyer and Seller) shall be made by Buyer immediately on completion of such remedial work whereupon Seller shall attend such tests.

If such part fails the tests, Seller shall carry out further repair, replacement or making good (as the case may be) until that part of the Products or the Technical Documents passes such tests.

If Seller fails to commence the work necessary to remedy such defect within a reasonable time, Buyer may proceed to do such work, and the reasonable costs incurred by Buyer in connection therewith shall be paid to Buyer by Seller.

If a defect in a Technical Document is corrected or a defect in an item of Products is repaired replaced or otherwise made good or re-supplied, the Defect Liability Period for such corrected Technical Document and repaired replaced or otherwise made good or re-supplied item of Products (the "Correction Defect Liability Period") shall extend for a peri-

> od of twelve (12) months from such correction, repair, replacement, making good or re-supply ; provided however that (i) the Correction Defect Liability Period shall not shorten the Defect Liability Period for that Technical Document or item of Products, (ii) the Correction Defect Liability Period shall expire at the latest twelve (12) months after expiry of the Defect Liability Period, and (iii) the Longstop Date stated in the provision to Defect Liability Period shall be extended by the number of days that elapse between Seller's receipt of Buyer's notice of defect and the date of completion of such correction, repair, replacement, making good or re-supply.
>
> The remedies provided for in this Conditions are Buyer's sole remedies in respect of any breach by Seller of its obligations or guarantee. Except as provided in this Conditions hereof, Seller shall be under no liability whatsoever and howsoever arising, and whether under the Contract or at law, in respect of defects in the Products or the Technical Documents or any non-conformance of the Works with the requirements of the Contract.

　さらに売主である以上，上記のようなDisclaimer条件のみならず責任限定（Limitation of Liability）条項を設けることは必ず考えておくべきである。この責任限定条項については議論があり，また，実際の交渉場面においては必ずといってよいほど問題となる。しかし，この議論は避けて通るべきではないし，契約金額や他の条件とも合わせて，また取引上のリスクを見ながら検討すべきであろう。以下の例では，間接損害や結果損害については契約金額までの限定とする規定になっている。

> ［例］
> Except as expressly set forth in the Contract, Seller shall in no event be liable to Buyer by way of indemnity or by reason of any breach of the Contract or in tort or otherwise for loss of use of the Plant and/or any other facilities or any part thereof or for loss of production, loss of profit or loss of any contract, or for any indirect, special or consequential loss or damage that may be suffered by Buyer in connection with the Contract.
>
> Notwithstanding anything to the contrary provided in the Contract, the aggregate liability of Seller to Buyer with respect to liability under GC XX (Defect Liability) ; patent indemnity under GC XX (Patent Indemnity) and liquidated damages under GC XX (Liability for Delay in Delivery) and GC XX (Performance Guarantees) hereof by way of indemnity or under or

for breach of the Contract or in tort or in any other way in connection with the Works shall not exceed the Contract Price of the Contract.

### 4.3.10 性能保証

例えば，石油化学コンビナートの改質炉で使うような製品では，耐久性や入出力等一定の性能を求められることがある。このように機器の瑕疵の保証だけでなく，性能保証まで求められるような場合には，前提条件と予定損害賠償に注意すべきであろう。性能保証をする以上，その前提である諸条件（運転温度など）についてあらかじめ設定し，性能保証試験の手続についても詳細な規定を設ける必要がある。さらに，その手順中に，もし性能が未達成であったことが判明した場合の措置として，Liquidated Damages（予定損害賠償）について触れておき，その支払により保証が達成されたものとみなすことなども規定しなければならない。以下はその条件や手順のサンプルである。なお，ここでは Plant となってはいるが，機器（Products）に置き換えることも可能である。

[例]
The Contractor guarantees that, during the Performance Tests, the Plant and all parts thereof shall attain the Performance Guarantees specified in Appendix X (Performance Guarantees) to the Contract subject to and upon the conditions therein specified.

If, for reasons attributable to the Contractor the minimum level of the Performance Guarantees specified in Appendix X (Performance Guarantees) to the Contract are not met either in whole or in part, the Contractor shall at its cost and expense make such changes, modifications and/or additions to the Plant or any part thereof as may be necessary so as to meet at least the minimum level of such guarantees. The Contractor shall notify the Owner upon completion of the necessary changes, modifications and/or additions and shall repeat the Performance Test until the minimum level of the Guarantees has been met.

If, for reasons attributable to the Contractor, the Performance Guarantees and specified in Appendix X (Performance Guarantees) to the Contract are not attained either in whole or in part, but the minimum level of the Performance Guarantees and Consumption Guaran-

tees is met, the Contractor shall, at its option, either
(a) make such changes, modifications and/or additions to the Plant or any part thereof as may be necessary in order to attain the Performance Guarantees at its cost and expense and carry out a further Performance Test ; or
(b) pay liquidated damages to the Owner in respect of the failure to meet the Performance Guarantees in accordance with Appendix X (Performance Guarantees) to the Contract.

The payment of liquidated damages hereunder up to the limitation of liability specified in Appendix X (Performance Guarantees) shall be in complete satisfaction of the Contractor's guarantees hereunder and any other corresponding or equivalent provision set out in the Contract and the Contractor shall have no further liability whatsoever to the Owner in respect thereof. Upon the payment of such liquidated damages by the Contractor, the Owner shall issue the Acceptance Certificate for the Plant or any part thereof in respect of which the liquidated damages have been so paid.

### Appendix7
Performance Guarantee (項目のみ列記)
1. General
2. Preconditions
3. Guarantees
4. Failure in Guarantees and Liquidated Damages

### 4.3.11 知的財産権

　製品が第三者の権利を侵害するような場合，あるいは第三者の製品がこちらの製品の権利を侵害するような場合にどう対処するか，すなわち訴訟やその後の訴訟指揮を含め，どちらが行うかを定める条項である。ただ，事前に売買にあたっては各種知的財産権の状況がどうなっているか，特許権や商標権がどのようになっているか，などをあらかじめ調査しておくべきことはいうまでもない。また知的財産権に絡み，製品によっては事前に売主・買主間で各種図面のやり取りが想定されていることもある。そのような図面については第三者に出さないといった通常の秘密保持条項を設けるなど，秘密保持についても必ず言及すべきである。

[例]
**知的財産権については売主が保証し，買主を保護する規定**
Buyer shall immediately notify Seller of any infringement of or challenge to the Products and Seller shall have the sole discretion to take such action as it deems appropriate. Seller hereby agrees to indemnify Buyer against and to reimburse Buyer for all costs reasonably incurred by Buyer in the defense of such claim brought against Buyer or in any such proceeding in which Buyer is named as a party, and shall otherwise have no liability to Buyer. In the event of any actual or threatened infringement of any intellectual property right of the Products or Seller, Seller shall have the right, but not the obligation, independently to undertake the prosecution of any proceeding against such infringer and, if it does so, Seller shall keep Buyer reasonably informed with respect to the progress of such action. In the event such prosecution is undertaken, Seller shall have the sole conduct and control of such action, in its sole discretion, including the right to abandon such action at any time. Buyer covenants and agrees to reasonably assist Seller in the prosecution of any such action by providing all relevant information reasonably available to Buyer with respect to the infringement. In recognition of the fact that Seller shall be solely responsible for the cost of any such prosecution, any recovery, damage or indemnification resulting from such action shall belong to and be solely payable to Seller, provided however, that Buyer shall be reimbursed for any reasonable costs arising out of its cooperation and support of Seller in the prosecution of such action.

**以下は逆に知的財産権については一切責任がないとする規定**
Seller is not responsible for any infringement with regard to patent rights, utility model rights, trademark, commercial design, copyrights or any other intellectual property right in Buyer's country.

**秘密保持条件**
"Confidential Information" means any information, technical data or know-how, including, but not limited to, that which relates to research, product plans, products, services, designs, drawings, engineering, marketing, which Confidential Information is designated by the disclosing party ("Disclosing party") in writing to be confidential or proprietary, or if given orally, is confirmed promptly in writing as having been disclosed as confidential or proprietary. Confidential Information does not include information, technical data or docu-

ments which (i) at or prior to the time of disclosure by the Disclosing party was known to the Receiving party through lawful means ; (ii) at or after the time of disclosure by the Disclosing party becomes generally available to the public through no act or omission on the Receiving party's part ; (iii) the Receiving Party receives from a third party who is free to make such disclosure without breach of any legal obligation ; (iv) is independently developed by the Receiving Party without reference to the Confidential Information. Receiving party shall not use any Confidential Information disclosed to it by the Disclosing party for its own use or for any purpose other than maintenance and service specified in this Contract. Receiving party shall not disclose any Confidential Information of the Disclosing party to third parties or to employees of Receiving party except employees who are required to have the information in order to execute the Receiving party's activities stipulated in this Contract. The Receiving party shall have employees to whom Confidential Information of the Disclosing party is disclosed or who have access to Confidential Information of the Disclosing party sign a Non-disclosure and Non-Use Agreement in content substantially similar to this Contract and will promptly notify the Disclosing party in writing of the names of each such employee upon the request of the Disclosing party at any time. The Receiving party agrees that it will take all reasonable measures to protect the secrecy of and avoid disclosure or use of Confidential Information of the Disclosing party in order to prevent it from falling into the public domain or the possession of persons other than those persons authorized hereunder to have any such information, which measures shall include the highest degree of care that the Disclosing party utilizes to protect its own Confidential Information of a similar nature. The Receiving party agrees to notify the Disclosing party in writing of any misuse or misappropriation of Confidential Information of the Disclosing party which may come to the Disclosing party's attention. Any materials or documents which have been furnished by the Disclosing party Buyer to the Receiving party will be promptly returned, accompanied by all copies of such documentation, after the termination of this Contract. The Receiving party agrees that the obligations of the Receiving party provided herein are necessary and reasonable in order to protect the Receiving party and its business, and Receiving party expressly agrees that monetary damages would be inadequate to compensate the Disclosing party for any breach by the Receiving party of its covenants and agreements set forth herein. Accordingly, the Disclosing party agrees and acknowledges that any such violation or threatened violation will cause irreparable injury to the Receiving party and that, in addition to any other remedies that may be available, in law, in equity or otherwise, the Disclosing party shall be entitled to obtain injunctive relief upon adjudication of law court against the threatened breach of this Contract or the continuation of any such breach by the Receiving party, without the necessary of proving actual damages. In the event that a party becomes legally compelled to disclose any Confidential Information of the other or a Customer, the Receiving party will use its best efforts to promptly notify the Disclosing party and to provide reasonable cooperation to the Disclosing party in connection with the Disclosing party's efforts to lawfully avoid or limit disclosure and preserve the confidentiality of such Confidential Information in such circumstances.

## 4.3.12 税　金

ここでは，輸出入における税金などの負担先を定めておく。インコタームズ®において負担先については定められているが，関税以外の付加価値税などについては現地の税制を確認しておくべきである。

[例]
All taxes (including but not limited to withholding, sales, use, value added, registration, ad valorem, excise, employment and documentary taxes or other governmental charges to be imposed or charges) in connection with the sales of Products hereunder shall be borne and paid by Buyer.

## 4.3.13 保　険

通常，保険といえば，貨物海上保険のことであろう。まずこの保険について説明したい。貨物海上保険は，貨物の輸送途上における事故について手当てするものである。その保険の付保範囲としては次のようにいわれている。

まず，輸送途上のリスクにおいては，そのリスクをすべて担保するか，また不担保あるいは特約担保とするのはどのリスクかを検討する必要がある。海上貨物保険約款では，旧約款あるいは新約款が存在しており，それぞれの約款において3種類の条件を用意している。旧約款では，All Risks, WA（分損担保）とFPA（分損不担保）条件である。新約款では旧約款の3条件に対比するようにInstitute Cargo Clause A, B, Cという条件がある。それぞれの補償範囲については，各自確認していただきたい。

なお，保険については製品の特質を捉えてどの保険が適切か保険会社と相談すべきである。例えば，石炭を輸入するのに All Risks でよいのか（過剰ではないか），または精密機器の輸入において FPA が適切か，といった議論である。これら約款条件については，実際手元に保険約款が届いた際に十分に確認すべきである。

次に保険の対象とすべき金額（保険価額）は，インコタームズ®において決められており，保険価額は CIF の価額の 110% とされている。この 10% というのは輸入者の期待利益を含むものとされている。

それ以外の保険として必要と思われるものは，下記のようなものが挙げられる。製品売買するためには必ずしも必要ではないが，プラント機器の売買においては考慮すべき保険であろう。

- Workers Compensation Insurance：いわゆる労災保険。各国の労働法制度により異なるので，よく確認すべきである。
- Third Party Insurance：第三者賠償責任保険。よく生産物賠償責任保険などが想定されるが，それ以外にも Comprehensive General Liability Insurance（総合賠償責任保険）があるので，製品機器でもプラントが関連する場合は確認すべきである。
- Erection Insurance：組立保険。据付工事込のような取引では必要となる。
- Employers Liability Insurance：発注者賠償責任保険。前記労災以上の補償をもつものである。
- Automobile Insurance：自動車保険。交通事故などを保証する。

---

[例]
**海上貨物保険のみを想定**
Unless otherwise specifically stated on the face hereof, war risk is not included in the CIF or C&I prices agreed upon. Seller may, if it considers it necessary or advisable to do so, insure against war risk for the account of Buyer, but shall not be obliged to do so, under any circumstance. In case the sale hereunder is concluded as "WAR RISK inclusive" Seller

is to cover such risk at the rates and conditions fixed by an insurance company at the time of contract, but all fluctuations of such rates and alterations of conditions shall be for Buyer's risk and account.

**さまざまな保険を手配する必要がある場合**
Seller shall take out and maintain throughout the period of Contract the following minimum insurance :

i Workmen's compensation insurance in statutory limits covering all employees of the Engineer who shall perform any of the obligations of Buyer's personnel hereunder, whether or not such insurance is required by the laws of Buyer's country. If any employee is not subject to the workmen's compensation laws of such country, such insurance shall extend to such employee, voluntary coverage to the same extent as though such employee were subject to such laws.

ii Public liability and property damage liability insurance covering all operations under the contact ; limits for bodily injury or death, not less than USD $XXXX for each occurrence ; for property damage, not less than USD$ XXXX for each occurrence and USD $XXXX aggregate for occurrences during the policy period.

iii Automobile liability insurance on all vehicles used in connection with the contract whether owned, non-owned, or hired ; public liability limits of not less than [14] USD $XXXX for one person and USD $XXXX for each occurrence ; property damage limit of USD $XXXX for each occurrence.

Seller shall furnish Buyer a certificate evidencing compliance with the foregoing requirements.

## 4.3.14　保証状

売買契約ではあまり目にすることはないかもしれないが，プラント機器では大抵要求されるものであるため，ここで触れておく。

通常，プラント機器売買契約において売主はさまざまな保証状の用意を求められる。これには，売買契約そのものの履行を保証する意味での履行保証状，瑕疵担保期間中における履行を保証する意味での瑕疵担保保証状，前払いを受けた場合，それに対する担保としての前払い保証状，あるいは，支払で留保金を解除してもらうための留保金解除保証などがある。ここでは履行保証状のサンプルを紹

介する。内容の構成はほぼ他の保証状も同じである。

[例]

## Performance Bond

No.
Date

To : _____
   _____
   (Name and address of the "Buyer")

Dear Sirs,

We refer to the Contract ("the Contract") signed on ………… between you and ………… ("Seller") concerning design and supply of a ……. for the Plant at ……………

By this letter we, the undersigned, ……………………………… a Bank organized under the laws of ………………… and having its registered/principal office at …………. do hereby jointly and severally with Seller irrevocably guarantee payment to you up to the sum of ……………. equivalent to five percent (5%) of the Contract Price until the date of Substantial Delivery and thereafter up to the sum of ……………. equivalent to two point five percent (2.5%) of the Contract Price until the expiry of the Defect Liability Period according to the Contract, provided that during any period in which the Defect Liability Period is extended pursuant to the Contract the sum guaranteed shall be further reduced to the amount informed by Seller.

We shall only undertake to make payment under this Letter of Guarantee upon receipt by us of a written demand signed by your duly authorized officer for a specified sum where such demand sets out the reasons for your claim under this Letter of Guarantee and which is accompanied by :

1. A copy of the written notice sent by you to Seller before making the claim under this Guarantee specifying Seller's breach of the Contract and requesting him to remedy it ;

2. A letter signed by your duly authorized officer certifying that Seller has failed to remedy the default within the period allowed for remedial action ; and
3. A copy of your written notice to Seller stating your intent to claim under this Letter of Guarantee because of Seller's failure to remedy the default in accordance with the request referred to in paragraph1above.

Except for the documents herein specified, no other documents or other action shall be required, notwithstanding any applicable law or regulation.

Our liability under this Letter of Guarantee shall be to pay to you whichever is the lesser of the sum so requested or the amount then guaranteed hereunder in respect of any demand duly made hereunder prior to expiry of this Letter of Guarantee, without being entitled to inquire whether or not this payment is lawfully demanded.

This Letter of Guarantee shall be valid from the date of issue until the expiry of the last Defect Liability Period according to the Contract or [the fixed date] , whichever comes first ; this Letter of Guarantee shall thereupon become null and void whether or not it is returned to us.

This Letter of Guarantee shall be returned to us immediately after its expiry and no claim may be made hereunder after such expiry or after the aggregate of the sums paid by us to you shall equal the sum guaranteed hereunder, whichever is the earlier.

All notices to be given hereunder shall be given by registered (airmail) post to the addressee at the address herein set out or as otherwise advised by and between the parties hereto.

We hereby agree that any part of the Contract may be amended, renewed, extended, modified, compromised, released or discharged by mutual agreement between you and Seller, and this security may be exchanged or surrendered without in any way impairing or affecting our liabilities hereunder without notice to us and without the necessity for any additional endorsement, consent or guarantee by us, provided, however, that the sum guaranteed shall not be increased or decreased.

No action, event or condition which by any applicable law should operate to discharge us from liability hereunder shall have any effect and we hereby waive any right we may have to apply such law so that in all respects our liability hereunder shall be irrevocable and, except as stated herein, unconditional in all respects.

Capitalized words and phrases used herein shall have the same meanings as are ascribed to them in the Contract.

This guarantee is subject to ICC Uniform Rules for Demand Guarantees (ICC Publication NO.758).

Yours truly,<br>
Name of the Bank<br>
……………………<br>
Authorized Signature

　ここでの留意点は，どのくらいの保証金額を積むか，保証状の有効期間をどのように設定するかである。条件によっては，On Demandではなく，ある一定の条件でもって保証状を要求することもある。さらに，第3章3.5.1で述べたようにURDG758という国際商業会議所による統一規則がある。この統一規則は独立性の原則に立っており，売主・買主間のクレームに関係なく買主が請求すれば銀行側は保証金を支払う仕組みである。ただ，保証状発行銀行によってはこのURDG758を好まない場合もあるので，当該銀行に確認すべきであろう。また，保証状の原本については，仮に保証状自体の保証期間が過ぎた場合でも，国によってはその保証状を有効とみなすこともあるので，保証期間が過ぎた場合でも可能な限り保証状は回収すべきである。

　契約によっては，輸入国で発行される保証状でなければならないとされ，その場合には，輸入国発行銀行に対して裏保証として輸出国（日本）から別途保証状を差し入れることがある。そのため輸入国銀行の保証状の返還がなければ裏保証状である保証状も返還できないこともあるので，輸入者と十分話し合い，また輸入国銀行と裏保証状発行銀行と発行条件や返還について詰めておかなければならない。

## 4.3.15 不可抗力

いわゆる天災といった自然災害や戦争，革命，政府による輸出入規制など，契約当事者では解決や回避不能で，契約の履行が長期にわたって妨害される場合に，契約の履行についてどう対応するかを定めたものが不可抗力に関する条件である。不可抗力の条件を定める場合，まず不可抗力とはどの範囲をいうのかを検討しなければならない。最近では，一般的な戦争，革命，洪水や地震といったことに加え，テロ行為なども不可抗力の一部として含めるようになっている。さらに不可抗力の地理的な範囲についても考えておく必要がある。売買取引においては，第三国からの調達で販売することも想定されるため，第三国の不可抗力や，第三国から輸入国までの不可抗力は認められるのかどうかについても事前に決めておくべきであろう。また，不可抗力が生じた場合の通知方法や，その後一定期間（半年程度）を経てなお不可抗力が治癒しない場合には，最終的に契約を終了させることとなるが，そういった場合の契約終了の措置も規定すべきであろう。なお，不可抗力については，相手先によっては何らかの証明を求められることがある。その証明方法（新聞記事でよいのか，または第三者機関による証明が求められるのか）をあらかじめ決めておくのもよい。日本では公証役場ではそのような天災などは認証されないが，地方公共団体の発行する罹災証明書などは証明書として使えるであろうから，その点も考慮すべきであろう。

[例]

"Force Majeure" shall mean any event beyond the reasonable control of Buyer or Seller, as the case may be, and which is unavoidable notwithstanding the reasonable care of the party affected, and shall include, without limitation, the following :

(a) war, hostilities or warlike operations (whether a state of war be declared or not), invasion, act of foreign enemy, civil war ; or

(b) rebellion, revolution, insurrection, mutiny, usurpation of civil or military government, conspiracy, riot, civil commotion, terrorist acts ; or

(c) confiscation, nationalization, mobilization, commandeering or requisition by or under the order of any government or de jure or de facto authority or ruler or any other act or failure to act of any local state or national government authority ; or

(d) strike, sabotage, lock-out including those of Sub-Sellers, embargo, import restriction, port congestion, lack of usual means of public transportation and communication, industrial dispute, shipwreck, shortage or restriction of power supply, epidemics, quarantine, plague ; or

(e) earthquake, landslide, volcanic activity, fire, flood or inundation, tidal wave, typhoon or cyclone, hurricane, storm, lightning, or other inclement weather condition, nuclear and pressure waves, or other natural or physical disaster ; or

(f) shortage of labour, materials or utilities where caused by circumstances that are themselves Force Majeure.

If either party is prevented, hindered or delayed from or in performing any of its obligations under the Contract by an event of Force Majeure, then it shall notify the other in writing of the occurrence of such event and the circumstances thereof within seven (7) days after it becomes aware of the occurrence of such event.

The party who has given such notice shall be excused from the performance or punctual performance of its obligations under the Contract for so long as the relevant event of Force Majeure continues and to the extent that such party's performance is prevented, hindered or delayed. Any affected Time for Delivery shall be extended.

The party or parties affected by the event of Force Majeure shall use reasonable efforts to mitigate the effect thereof upon its or their performance of the Contract and to fulfill its or their obligations under the Contract, but without prejudice to either party's right to terminate the Contract hereof.

No delay or non-performance by either party hereto caused by the occurrence of any event of Force Majeure shall :

(a) constitute a default under or breach of the Contract ; or

(b) give rise to any claim for damages or additional cost or expense occasioned thereby ; or

(c) prevent the operation of GC25.3.1 (b) hereof,

if and to the extent that such delay or non-performance is caused by the occurrence of an event of Force Majeure.

If the performance of the Works is substantially prevented, hindered or delayed for an aggregate period of more than one hundred and twenty (120) days on account of one or more events of Force Majeure during the currency of the Contract, either party may terminate the Contract by giving notice to the other.

## 4.3.16 契約違反，契約解除および解除後の措置

ここでは，売主・買主それぞれにおける契約不履行や契約違反，あるいはどちらかが破産といった状態に陥った場合の契約解除条件等を定める。したがって，まずは契約が解除される事由（契約違反や契約不履行など）を列記し，解除となる条件，契約解除の場合における処理方法（例えば，製造の中止，仕掛品の処理，製品取戻し，残金の支払や相殺等）も詳しく定めておくべきである。また，当然のことながら，損害賠償請求もすべきである。プラント機器契約ともなれば，上記以外には現場から監督者や現場機器の撤収などもこれに含まれる。

また，双方に不履行はないが，都合で契約解除できるかどうかも検討すべきである。その場合には，予定された利益などを含んで請求すべきである。

[例]
Either party may terminate this Contract immediately, upon written notice to the other party, if : (i) the other party becomes insolvent, is generally not paying its debts as such debts become due, makes an assignment for the benefit of creditors, is the subject of any voluntary or involuntary case commenced under the bankruptcy laws, as now constituted or hereafter amended (which, in the case of involuntary bankruptcy, is not dismissed within sixty (60) days) , or of any other proceeding under other applicable laws of any jurisdiction regarding bankruptcy, insolvency, reorganization, adjustment of debt or other forms of relief for debtors, has a receiver, trustee, liquidator, assignee, custodian or similar official appointed for it or for any substantial part of its property, or is the subject of any dissolution or liquidation proceeding ; or (ii) there is a continued and material breach by the other party of any of the terms and conditions of this Contract, provided that the party not at fault has given the other party sixty (60) days prior written notice of such breach, such other party has not remedied the breach and it is possible for the defaulting party to take such remedial action.

The failure of either party to terminate this Contract upon the occurrence of any event described hereinabove, shall not constitute a waiver of such party's right to terminate this Contract upon any subsequent occurrence of any of those events. The termination of this

Contract shall not release either party from any obligation, pursuant to these terms, is to survive or be performed thereafter.

### 4.3.17 準拠法

　契約書の解釈について，どの法律で解釈するか決めておく条項である。通常は日本法や相手国，第三国といった準拠法が規定される。ただ，準拠法については双方の利害がぶつかるところであり，何が正解というものでもない。しかし，全く準拠法を定めないのでは都合が悪い。全く準拠法を定めない場合，国際私法によりどの国の法律がこの契約の解釈上最も密接な法律かを検討しなければならず余計な時間を要するからである。折衷案として2つの準拠法を記載したりすることは絶対に避けなければならない。なお，準拠法関連で，ウィーン動産売買条約が契約に適用される場合がある。ただ，これは契約上明文で動産売買条約での解釈を排除できるので，当事者の意図であれば明確に動産売買条約の排除を明記すべきであろう。

[例]
The Contract shall be interpreted under and governed by the laws of (国名) without reference to its rules concerning conflict of law.

### 4.3.18 紛争解決

　さて，紛争解決においてはどの方法を選択するか。1つは仲裁機関，もう1つは裁判である。仲裁機関を選択する場合には，Ad Hoc型仲裁機関や国際商業会議所の常設仲裁機関，さらにアメリカ仲裁協会の仲裁機関，香港，シンガポールにも仲裁機関がある。

　まず仲裁を選択するのであれば，仲裁地，仲裁廷（仲裁機関）および仲裁人，さらに仲裁の規則として何を使うか，また仲裁判断の効力など（仲裁の執行に関するニューヨーク条約等）を確認し，それぞれの条件を盛り込むべきであろう。

　また，仲裁以前の問題として，技術的な解釈論となった場合にはエキスパート[9]という制度での判断も可能である。

　また，裁判による解決もある。この場合，ある国の裁判所（具体的な裁判所）

で行うわけだが，ただ執行の問題を明確にしなければならない。

　いずれにしても以下のサンプルはあくまでサンプルであって，どの方法が紛争解決によいかは各取引状況を判断しなければならない。

［例］
If any dispute or difference of any kind whatsoever shall arise between Buyer and Seller in connection with or arising out of the Contract including without prejudice to the generality of the foregoing any question regarding its existence, validity or termination or the execution of the Works, whether during the progress of the Works or after their completion and whether before or after the termination, abandonment or breach of the Contract, the parties shall seek to resolve any such dispute or difference by mutual consultation.

If the parties fail to solve such dispute or difference by mutual consultation, then either party may give to the other party a notice that a dispute or difference exists, specifying its nature, the point (s) in issue and its intention to refer the dispute to arbitration. If the parties fail to resolve such dispute or difference by further consultation within a period of thirty (30) days from the date upon which such notice of dispute has been given, the dispute or difference shall be referred to and finally settled by arbitration under the Rules of Arbitration of the International Chamber of Commerce (ICC), by and between three (3) arbitrators who shall be appointed under such rules. The award of the arbitrator (s) shall be final and binding on the parties.

The venue of the arbitration shall be (地名，国名).

The language of the arbitration shall be (言語名).

## 4.3.19　一般条項

　一般条項としてさまざまな条件が挙げられる。主要なものとしては，完全条項，分離性条項，契約の譲渡，権利放棄，契約の変更，通知，署名といったことがある。ここではそれぞれの例文を挙げるに留める。

---

9）発注者・請負者間での紛争解決において簡便で費用がかからない手段としてのもの。エンジニアが有していた紛争解決機能を独立させた。仲裁や調停の一種である。

(1) 完全条項

[例]
The Contract constitutes the entire agreement between Buyer and Seller with respect to the subject matter of the Contract and supersedes all communications, negotiations and agreements (whether written or oral) of the parties with respect thereto made prior to the date of the Contract.

(2) 分離性条項

[例]
If any provision or condition of the Contract is prohibited, or is, or is rendered, invalid or unenforceable, such prohibition, invalidity or unenforceability shall not affect the validity or enforceability of any other provisions and conditions of the Contract.

(3) 権利放棄

[例]
No relaxation, forbearance, delay or indulgence by either party in enforcing any of the terms and conditions of the Contract or the granting of time by either party to the other shall prejudice, affect or restrict the rights of that party under the Contract, nor shall any waiver by either party of any breach of the Contract operate as a waiver of any subsequent or continuing breach of the Contract.

Any waiver of a party's rights, powers or remedies under the Contract must be in writing, dated and signed by an authorized representative of the party granting such waiver, and must specify the right and the extent to which it is being waived.

(4) 契約譲渡

[例]
This Contract shall be binding upon and inure to the benefit of the parties hereto and their respective successors and assigns, but neither party shall assign this Contract or any rights hereunder without the express consent of the other party.

(5) 契約変更

[例]
No amendment or other variation of the Contract shall be effective unless it is in writing, is dated, expressly refers to the Contract, and is signed by a duly authorized representative of each party hereto.

(6) 通知

[例]
Unless otherwise stated in the Contract, all notices to be given under the Contract shall be in writing, and sent by personal delivery, registered or certified mail (return receipt requested), internationally recognized courier services, facsimile or e-mail to the address of the relevant party set out as follows :
(a) ABC Company, address ⋯..
(b) DEF Corporation, address ⋯..
(c) ⋯⋯

Any notice sent by registered or certified mail or by courier service shall be deemed (in the absence of evidence of earlier receipt) to have been delivered ten (10) days after dispatch and in proving the fact of dispatch it shall be sufficient to show that the envelope containing such notice was properly addressed, stamped and conveyed to the postal authorities or the courier service for transmission by registered or certified mail or by courier service.

Any notice delivered personally or sent by facsimile or e-mail shall be deemed to have been delivered on the date of its dispatch unless otherwise proved by the party receiving the notice.
Either party may by ten (10) days' notice to the other party in writing change its postal, facsimile or e-mail address or addresses for receipt of such notices.

【参考文献】
・ 貿易実務
浜谷源蔵・椿弘次 『最新貿易実務』 同文舘出版 (2003年)
石田貞夫 『貿易取引』 有斐閣 (1980年), 絶版

石田貞夫　『新貿易取引』　有斐閣（1990年），絶版
宮下忠夫　『輸出入外国為替実務事典』　日本実業出版社（1996年）
小林晃　『ベーシック貿易取引』　経済法令研究会（2006年）
神田善弘　『実践貿易実務』　ジェトロ（2003年）
来住哲二　『基本貿易実務』　同文舘出版（1999年）
- 契約書関係

田中信幸・中川英彦・仲谷卓芳編　『国際売買契約ハンドブック』　有斐閣（1986年），絶版
大隈一武　『海外工事請負契約論』　商事法務研究会（1991年），絶版
高柳一男編　『国際プロジェクト契約ハンドブック』　有斐閣（1987年），絶版　DD版あり
斉藤祥男　絹巻康史編著　『国際プロジェクト・ビジネス』　文眞堂（2001年），絶版
斉藤祥男編著　『国際ビジネス』　文眞堂（1998年），絶版
- 契約書モデルフォーム

ENAA Model Form International Contract for Process Plant Construction（1992 Version Turn-Key Lumpsum basis）（ENAA：財団法人エンジニアリング振興協会）

ENAA Model Form International Contract for Engineering, Procurement and Supply for Plant Construction

# 第Ⅲ部 英文モデル契約書

# 序章

# はじめに

ここでは，英文契約書を検討するにあたって共通する検討すべき点をあげる。

## 0.1 Battle of Forms

締結された英文契約書は，場合によっては1年以上にもわたる交渉によって最終的に合意された条件であり，当初提示するファーストドラフトではない。当事者は，自己に有利に作成されたファーストドラフトを使って交渉を行おうとするが，相手方もこれに対して自己のファーストドラフトを提示したり，多岐にわたる修正をいれるといった形で契約交渉が行われる。これを「書式の戦い」(battle of forms)という。本章における英文モデル契約書は，どちらかの当事者に有利に作成されたというわけではなく，交渉の結果まとまった最終の契約書に近いものである。したがって，どちらがドラフトを提示するかを交渉した結果，自己がファーストドラフトを提示する場合，個々の条件についてより有利な条件を盛り込んで作成することの検討が必要である。

## 0.2 1つの取引における複数の契約書

国際契約交渉の最初の段階においては，まずNDA（Non-Disclosure Agreement；秘密保持契約，Confidential Agreementともいう）を締結し，重要情報についての情報交換がなされ，本契約を締結するかどうか検討される。契約交渉途中において，議事録（Minutes of Meeting），MOU（Memorandum of Understanding），LOI（Letter of Intent）といった意向書／覚書が作成され，その段階の合意事項を

確認することもある。ここでは，最終契約を締結することや事業推進の合意に法的拘束力をもたせるのか，という点に注意が必要である。このような交渉をふまえて，最終契約が合意される。なお，契約締結セレモニーが行われても，これで終了ではない。契約が締結された後，クロージング（株式売買契約あるいは企業買収契約などにおいて株式の引渡と支払が行われること），あるいはポストクロージング（売主によるクロージング後の義務，例えば合弁契約であれば政府許可の取得手続や売主の保証条項履行）といった契約履行に関わる手続がふまれ，必要に応じて株式売買契約や企業買収契約に対する修正契約書が作成される。実際に問題が生じた場合，契約書の規定に従い解決を図る。

## 0.3 契約書とフォント

契約書の体裁についても注意をしなければならない。例えば，米国におけるUniform Commercial Code（UCC；米国統一商事法典）においては，保証制限条項はconspicuous（明示された方法）で記載されなければならないと規定される（UCC2-316条および1-201条）。したがって，契約書における一定の条文はすべて大文字で記載されている場合やボールド体が使用される場合があり，米国法を準拠法としない場合においても同様の表記が使われる場合が多い。

## 0.4 契約書と使用言語

日本の会社では，社内許可取得用などのために日本語訳を作成することがある。これはあくまでも翻訳であり，契約上は英文で作成した契約書のみが当事者を拘束すると取り決められる。ところで，中国などでは，「外国語と自国語で作成した両方の契約書が有効で同等の効力を有する」，という条項を設けて2ヵ国語で正本を作成することがある。この2つの言語による契約が同じかどうか十分確認できなかったり，差異が生じたときの取決めがない。そこで，片方の言語による契約書が優先すると取り決めたり，両言語による正本条項を拒否するといった対応がとられるが，当局から投資許可を取得するために自国語で作成した契約書が必要とされ，結局同国の言語による契約書を作成せざるを得ないことがある。

*161*

## 0.5　国際契約と印紙

国際契約であるから印紙が必要ないというのは間違いである。契約当事者が外国法人であっても，契約書の作成場所が日本であったり（NY法人とケイマンのペーパーカンパニー間の契約書を日本で作成），外国でサインされた後に日本でサインを行い，日本で契約書が完成する場合，日本法に基づき印紙が必要となる。

## 0.6　サイナー

契約書のサインについては，サイン権限とサインが真性かという2つの問題がある。サイン権限については，契約締結の承認のための取締役会の決議を要求することができる。真性かどうかの確認について，日本の印鑑であれば印鑑証明書を使用することができ，サインであれば，サイン証明を求めることができる。日本では，公証役場あるいは商工会議所からサイン証明を取得できるが，相手方からはさらに大使館からの証明書が求められることがある。なお，契約締結あるいは交渉のための委任状を相手方に要求し，権限の有無に関する確認が行われることもある。

## 0.7　正本数

日本においては，契約書の正本の数は契約当事者の数であるとすることが通常であるが，海外契約においては必ずしも一致せず，契約当事者総数を超えて作成されることがある。例えば投資許可を取得するために政府に提出用として1部を使うといったケースがある。

## 0.8　原本とデジタルサイン

日本では紙の契約書を作成することを求めている会社も多いが，欧米ではサインした契約書をPDF化して送付する方式で取り交わすことが多い。電子署名サービス提供業者によるサービスを使用したデジタルサインも増えている。日本

における電子署名法など法的に有効かどうかの検討をふまえ，当事者がどの方式にするか決定する。

## 0.9　専門家起用

大型契約交渉の場合，弁護士や会計士はもちろん，Investment Bank などを起用して契約締結に向けての助言と指導を受けることがあるが，成功報酬ベースにすると無理な交渉がなされる場合があることに留意すべきである。現地の規制法を調査するためには現地弁護士を起用することにメリットがあり，このような専門家の意見をふまえて契約書を作成すべきである。

## 0.10　ウィーン動産売買条約 (CISG)

物品売買契約であればもちろん，ソフトウェア売買契約などにおいても，CISG の適用有無条項を検討する必要がある。例えば，日本法を準拠法とした場合や準拠法を定めない場合でも，CISG の適用があると解釈されるからである。

## 0.11　約因 (consideration)

英米法における契約法の概念によれば，契約には約因が必要で，約因がなければ執行力がない。そこで，約因が適切に交換されたことを確認する文言が契約書に規定される (NOW, THEREFORE 以下)。現代法においては，約因の必要性について厳密に考えられていないので省略もできる。

## 0.12　will と shall

契約書では，shall は義務，may は選択権があるとして使われてきたが，現代は shall の代わりに will も使用される。本モデル契約でも "will" を原則としつつ，一部の条項（責任制限条項など）において shall を使用している（shall は強いイメージを与えるという理由であり，顧客との契約では特に will が使われる）。

# 第1章
# Distributor Agreement
## 販売代理店契約

## 1.1 Distributor Agreement とは

　Distributor Agreement（販売代理店契約）とは，メーカーや製品輸出権をもつ商社など（以下「メーカー側」）が代理店を販売店に指名し，販売を認めることを取り決める契約である。Reseller Agreement（再販売契約）や Agent Agreement（代理店契約）という契約書名が使われ，Distributor Agreement と同じ取引内容の場合もある。契約書名にかかわらず，契約書の条件で取引内容が確定する。代理店契約では基本取引条件を定め，製品価格や数量までは決定されず，個々の取引は，Individual Contract of Sale や Purchase Order と称される個別売買契約が別途締結される。一方，契約購入数量と価格を定めた Long Term Sales Agreement（長期売買契約）は，基本契約でなく単独契約であり，個々の取引は，個別売買契約としては構成されない。

## 1.2 契約にあたっての検討事項

### 1.2.1 PかAか？

　P to P（Principal to Principal）取引は，A（agent）取引とは異なる取引であるが，いずれも代理店契約と呼ばれるので誤解が生じやすい。P to P 取引である場合，代理店は自己の名と計算のもとに商品を買い入れ，第三者に自分で取り決めた条件（価格等）で販売する。代理店と呼ばれるが，代理店はメーカーを代理する代理権限は与えられていない。メーカー側が代理店に再販売価格維持行為をすれば

独占禁止法違反になる。本章英文モデル契約書はP to P取引である。A取引である場合，代理店がメーカー側の代理人となって，販売促進活動（マーケティング）を行い，売買契約がメーカーと買主間で成立した場合にメーカー側から代理店口銭（commission）が支払われる取引，あるいは買主の代理人（purchasing agent）となって，購入（輸出入）手続を行い，売買契約がメーカーと買主間で成立した場合，買主側から口銭が支払われる取引の両方がある。いずれの場合においても売買価格の決定は売買契約が締結される売主と買主間においてなされる。代理店は一定の範囲においてメーカー側を代理する権限を与えられ，その代理権が与えられている範囲は契約によって規定されるが，価格決定権までは与えられていない。なお，販売代行や買付代行を内容として，代理人に価格決定権が与えられる代理店契約もある。

(1) 代理店保護法および代理店保護規定

契約条項にかかわらず強行法規として適用される代理店保護法（例：サウジアラビア）および代理店保護規定を持つ国がある。インドネシアでは，債務不履行を原因としても，インドネシア裁判所の訴訟を経て命令により契約を解除しなければならない（インドネシア民法1266条）。代理店保護法には，期間内の代理店契約を解除することを制限したり，非独占的な代理店契約を認めず独占的販売権をもたせる規定がある。この場合，契約を自動更新とせず期間を設けるとか，独占権の付与を約因として，一定の最低販売数量義務を課して，達成できない場合に解除できるといった規定を設け，解約権を確保することが行われる。したがって，現地法律調査をふまえて契約書の条項を作成する必要がある。

(2) 競合品取扱禁止

競合品を取り扱ってはならないという競合品取扱禁止規定（non-competition clause）を設ける場合，域内の独占禁止法によって禁止されていないか確認が必要である。EUと米国では規制内容が異なるので注意が必要である。また，どういった製品が競合品になるかの定義がドラフト時に重要である。ある製品の取扱いが，定義によって競合品になるか，ならないかによって取扱いが禁止される可能性がある。

(3) 並行輸入品取扱禁止，修理制限，二重流通

正規並行輸入品を輸入禁止することはできない。商標法や特許権に基づき日本への輸入禁止が認められなかった事例がある。修理でパーツを正規輸入品だけを使用するといった制限を課す項目を設けることも避けるべきである。二重流通（dual distribution）とは，あるサプライヤー（メーカーやプラットフォーム事業者等）が自ら最終顧客に販売し，かつ代理店等の流通網を通じて販売している場合を指し，サプライヤーと供給業者が競争関係になるため，このような取決めに規制する法令がないか調査が必要である（例：EU 垂直的供給ガイドライン）。

(4) 仕切価格の設定

日本の独占禁止法では，再販売価格指示は違法であるが，米国では一定の条件のもと，maximum resale price, minimum resale price や minimum advertised price を設定することが認められることがある（「当然違法の原則」でなく「合理の原則」で判断される）。また，マーケットや原材料価格高騰から供給者が仕切価格を変更できるようにしておくべきである。

(5) 知的財産権

域内で製品を販売することによって，第三者の知的財産権を侵害する可能性がある。輸出者および輸入者のいずれの立場になったとしても，最低限の調査は行う必要がある。万一侵害問題が生じたときにどちらの側が責任をもって解決するのか，その費用はどうするのか，などを取り決めておく。

(6) 契約期間

代理店契約の契約期間は，自動更新条項を設けない方がよいとされる。理由として，自動更新であれば解除を行うことや解除通知をすることが事実上困難になり，継続的供給契約とみなされる可能性からであり，期間満了に伴って自動的に終了すると契約解除の問題を回避できる。しかし，代理店保護がされている国では，契約が仮に更新されなくとも代理店の地位が保護されることになる。なお，代理店契約が終了したにもかかわらず製品の売買が契約条件と同条件で行われていれば，単に契約書が更新されていないとの主張がなされる可能性がある。

(7) 契約解除

契約解除に伴って「のれん代（goodwill）」といった損害賠償が請求されることがある。契約解除に伴って行うべき条項，請求権放棄条項を設けておくのもよい。

## 1.3 英文モデル契約書の解説

- 契約当事者

本契約は，日本法人である ABC Corp.（以下，ABC 社）と米国 New York 法人の Distributors, Inc.（以下，代理店）との間の販売代理店契約である。

- 前　文

英文契約書においては，WHEREAS clause という前文が設けられ，契約に至るまでの経緯を記述する。前文は法的拘束力がないものとして，契約解釈においては使用されないものの，事実と異なる事項を記載すべきではない。

- 1条（指名）

ABC 社は，米国を契約地域として契約製品を販売するにあたって非独占的に代理店を指名することを規定している。独占的な代理店契約であれば，その対価として年間最低購入数量の義務を設けられることが多い。

- 2条（範囲）

2.1　代理店は，ABC 社からのみ契約製品を購入すること，代理店の名と計算においてその定めた条件にて再販売すること，代理店が価格設定できる規定により，ABC 社による再販売価格の維持はできない。この規定により，本契約が P to P 契約であり，Agent 契約ではないことがわかる。

2.2　代理店は契約製品をエンドユーザに販売し，米国以外には販売禁止である。輸出制限が課される製品については，再輸出禁止の取決めが重要である。

2.3　代理店の販売努力義務が定められているが，make its best endeavor という最大努力義務が要求されることがある。

2.4　代理店が輸入ならびに販売にあたって税金および関税等を負担することを規定している。

2.5　本契約関係は，共同事業，代理人，パートナーシップでないことを規定している。代理店であるが代理人でないのは，ABC 社の代理権限（例：

*167*

ABC社を本人として代理人として契約行為を行う）がないということである。
- 3条（価格と支払）

3.1 契約製品の価格はABC社によって示される引渡時価格表によるUS＄建てである。

3.2 支払は船積みの30日前に開設しなければならない信用状による。
- 4条（引渡）

4.1 引渡はIncoterms® 2020によるFOB条件（Free on Board）による。

4.2 分割船積が可能であり，信用状において分割船積が認められる条件であることとしている。分割船積に信用状記載されず，分割船積が行われた場合，ディスクレとして信用状発行銀行の支払確約は無効となる。
- 5条（秘密保持）

本契約に関連する秘密情報を秘密として保持する義務の規定である。本条では秘密情報を定義しているが，秘密保持の対象となる情報の定義，例外となる情報の定義を設けることが必要である。
- 6条（保証）

契約製品が規格に合致していることの保証である。さらに，商品性，特定目的性という米国統一商事法典（Uniform Commercial Code；UCC）で規定されている保証の排除をしている。本条は，大文字で記載されているが，これはUCCにおける重要事項を目立つ記載にしなければならないという規定に基づく。
- 7条（知的財産権）

7.1 本契約の目的達成のためにABC社が契約製品に関する知的財産権を利用できる。

7.2 契約製品を販売することで第三者から知的財産権に関するクレームがあった場合，ABC社が責任を負担する。代理店が勝手に訴訟対応し，和解金を支払って後にメーカーに責任を負担させるということであればABC社が思いどおりに解決できないことになるので，代理店が協力することを条件としてABC社が知的財産権に対する侵害について補償することを取り決めている。

- 8条（責任制限）

本契約における契約の違反があった場合の ABC 社における制限額は＄100 万としている。このような制限は，PL 責任や知的財産権に関する請求には適用されないとしているが，この例外を増やすことも可能である。なお，本契約では懲罰的賠償 (punitive damage) を排除している。

- 9条（期間）

9.1 本契約の期間を 2028 年 12 月 31 日までとしている。契約期間において，自動更新を設けていない。

9.2 契約解除の条件として，解除事由がない場合は 30 日の通告でいつでも解除が可能であり，破産などの場合は直ちに本契約の解除が可能である。

9.3 契約終了後も効力を有する規定がどの条文であるかを明記している。

- 10条（不可抗力）

本契約の履行が不可抗力事由で遅延する場合，当事者は履行遅滞の責任を問われない。不可抗力は force majeure や acts of God という。本来，前者は戦争などを含む広い範囲であるが，後者は自然災害のことをいう。また，当該履行遅滞が 3 ヵ月以上継続すると本契約を解除することができることを規定している。不可抗力条項に必ず含まれるものではない事項として epidemic（疫病）や，通信障害などがあげられる。また，サプライヤーの部品供給不能 (supplier's ability to timely supply parts)，燃料や輸送費の大幅な価格変動 (rising fuels or transportation prices)，外国為替相場の大幅な変動 (huge change in foreign exchange rate) といった事由など，不可抗力事由として適切か，具体的に規定すべきか（例：契約日から 20% 以上の為替レートの変更）検討が必要である。

- 11条（譲渡）

契約書を譲渡してはならない規定である。なお，特別な制限がない限り契約書は譲渡できると考えるのが英米法の概念であり，これを排除している。

- 12条（完全合意，締結）

本契約が本契約の主題に関わる完全な合意を形成し，それまでの交渉過程の合意事項に効力がないことを確認する規定である。修正契約作成を禁止する意味ではない。日本では，「協議条項」という「完全合意」条項とは正反対である概念の条項を設けることが多いが，英米法の概念からは外れるため，国際的に

*169*

はこのような条項を設けることは少ない。さらに，デジタルで締結できることを規定している。

- 13条（準拠法）

本契約の解釈に用いられる準拠法の規定である。CISG（ウィーン動産売買条約）や統一コンピュータ情報取引法の適用を排除する条項を追加することができる。

> CISGと統一コンピュータ情報取引法適用排除条項：Neither the United Nations Convention of Contracts for the International Sale of Goods nor the Uniform Computer Information Transactions Act will apply to this Agreement.

- 14条（仲裁）

契約に関する紛争は，ICCルールによる仲裁によって解決し，仲裁場所が東京であることの規定である（東京であるからABC社に有利）。なお，仮処分といった裁判上の手続を行うことまでを妨げられてはいないという条項を追加する場合もある。これは，金銭債権について，仲裁を行っていると回収の機会を失う可能性があるためである。

- 15条（正本）

本契約書を複数部作成した場合，それぞれが同じ効力をもつことの規定である。

- 16条（頭書）

条文見出しは単に便宜のためにつけられ，契約解釈に用いられないという規定である。

- 17条（分離性）

契約書のある条文が無効とされる場合，修正が行われる規定である。なお，「当該無効となった規定の趣旨を最大限に反映させた合法的な契約条項に修正する」といった規定もある。

- 18条（通知）

本契約に基づく通知をどこに行うかの規定。この規定によらずに通知を行った場合，無効とされるので注意が必要である。

## Distributor Agreement

This Agreement is made and entered into as of this _____ day of _____, 2024, by and between Distributors, Inc., a New York corporation, located at 1, Madison Ave. Manhattan, New York, U.S.A. ("Distributor") and ABC Corporation, a Japanese corporation, located at 1-2, Naka-Aoyama, Minato, Tokyo, Japan ("ABC").

**WITNESSETH :**

WHEREAS, ABC is the manufacturer of agriculture machine called ABC Farmers ("Products"); and

WHEREAS, Distributor desires to sell Products in the US market and ABC accepts to appoint non-exclusive distributor for selling Products in Territory (hereinafter defined).

NOW, THEREFORE, in consideration of the mutual covenants and agreements herein contained, the Parties hereby agree as follows:

### 1. Appointment

ABC appoints Distributor as a limited non-exclusive authorized distributor for the resale of Products at the price as defined in products lists solely determined by ABC ("Product List") to customers for use within the United States ("Territory") in accordance with the terms of this Agreement and Distributor accepts such appointment.

### 2. Scope

2.1 Distributor will purchase Products only from ABC. Distributor will sell Products to endusers in the name and on the account of Distributor and under the terms and conditions determined solely by Distributor. ABC reserves the right to remove or add Products from Products List. Distributor will not make modifications to Products without written authorization from ABC.

2.2 Distributor will not sell Products for resale other than to endusers or export outside Territory.

2.3 Distributor will actively promote and sell Products in a professional and competent manner.

2.4 Distributor will pay any applicable sales or use taxes, duties and other imposts due on account of imports and resale of Products under this Agreement.

2.5 Distributor is in no way joint venture, the legal agent or partnership of ABC.

## 3. Price and payment

**3.1** Price of Products will be as per the price list prepared by ABC at the time of Delivery (hereinafter defined). The payment shall be in U.S. dollars.

**3.2** Payment to Products will be made by Letter of Credit to be established by Distributor thirty (30) days prior to the shipment.

## 4. Delivery

**4.1** Delivery of Products will be made from ABC to Distributor on the basis of FOB port of Yokohama (Incoterms® 2020).

**4.2** Unless Distributor notifies ABC otherwise, ABC may make partial shipments of Distributor. The terms of the Letter of Credit will contain that the partial shipment may be allowed.

## 5. Confidentiality

Neither party will disclose or use the Confidential Information of the other party except as required to achieve the objectives of this Agreement. "Confidential Information" in this article means any information either in writing or by oral, disclosed by either party to the other, including but not limited to any non-public information relating to the other party's product, marketing plans, finances, personnel, and pricing, but does not include information which is : (i) public information, (ii) made public without the fault of the other party, (iii) owned by the other party at the time of the disclosure, or (iv) disclosed by the public order.

## 6. Warranty

ABC warrants that Products will conform to the specification. ABC MAKES NO OTHER WARRANTY TO DISTRIBUTOR, EITHER EXPRESS OR IMPLIED, WITH RESPECT TO PRODUCTS. ABC SPECIFICALLY DISCLAIMS THE IMPLIED WARRANTIES OF MERCHANTABCILITY AND FITNESS FOR A PARTICULAR PURPOSE TO PRODUCTS.

## 7. Intellectual Property Rights

**7.1** ABC allows Distributor, during the term of this Agreement that Distributor may use intellectual property rights related to Products for the purpose of this Agreement.

**7.2** If Distributor promptly notifies ABC in writing and gives ABC sole control over the defense and all related settlement negotiations, ABC will defend, hold harmless and indemnify Distributor against any loss, damage, settlement, cost, expense and any other liabilities (including but not limited to reasonable legal fees and expenses) arising as a result of any claim or threat of claim brought by a third party against Distributor to the extent based on an allegation that the sale of Products by ABC infringes to any patent, copyright, trademark, trade secret or other proprietary right of a third party within Territory.

## 8. Limitation of liability

THE TOTAL LIABILITY OF ABC ON ALL CLAIMS OF ANY KIND IN CONNECTION WITH THIS AGREEMENT SHALL NOT EXCEED $1,000,000. IN NO EVENT, WHETHER AS A RESULT OF BREACH OF CONTRACT, WARRANTY, INDEMNITY, TORT, STRICT LIABILITY, STATUTE OR OTHERWISE, SHALL ABC BE LIABILE FOR ANY SPECIAL, CONSEQUENTIAL, INCIDENTAL, INDIRECT, OR PUNITIVE DAMAGES. The above limitation shall not apply to (i) personal injury or damage to property other than Products, or (ii) any claims by either party for violation of intellectual property rights.

## 9. Term and termination

**9.1** The term of this Agreement shall be from the date of this Agreement until December 31, 2028.

**9.2** This Agreement may be terminated if: (i) either party may terminate this Agreement at any time, with or without cause, on thirty (30) days written notice of termination to the other party; or (ii) either party becomes insolvent or any voluntary or involuntary petition for bankruptcy or corporate reorganization is filed or a receiver is appointed with respect to any of the assets of the other party or liquidation is flied voluntary or involuntary.

**9.3** The provision of articles of 5-8, and 10-14 will survive after the termination of this Agreement.

## 10. Force Majeure

If the performance of any part of this Agreement is interfered with for any length of time by riots, war, fire, earthquake, flood, storm, acts of God or other similar or dissimilar causes which are beyond the control of the parties hereto, neither party shall be responsible for delay or failure of performance of this Agreement for such length of time. If such delay continues for a period of three (3) months, either party hereto may terminate this Agreement by giving a written notice to the other party.

## 11. Assignment

Neither party will assign, pledge or otherwise dispose of its right or delegate its duty under this Agreement whole or in part to the other parties.

## 12. Entire Agreement, Execution

This Agreement constitutes the entire agreement in respect of business hereby contemplated between the parties hereto. The parties hereby consent to the use of electronic signatures for execution of this Agreement, and further agree that electronic signatures to this Agreement are legally binding with the same force and effect as manually executed signatures.

## 13. Governing Law

This Agreement shall be construed and governed in accordance with the laws of Japan.

## 14. Arbitration

Any dispute arising out of this Agreement shall be finally settled in accordance with the rules of the International of Chamber of Commerce to be held in Tokyo, Japan.

## 15. Counterparts.

This Agreement may be executed in any number of separate counterparts and all of said counterparts taken together shall be deemed to constitute one and the same instrument.

## 16. Headings.

The headings used in this Agreement are for convenience only and are not to be considered in construing or interpreting this Agreement.

## 17. Severability.

If any provision of this Agreement is declared invalid or unenforceable by any lawful tribunal, then it shall be adjusted to conform to legal requirements of that tribunal and that modification shall automatically become a part of this Agreement.

## 18. Notices.

All notices required or permitted under this Agreement will be in writing in the English language and will be deemed given when sent by registered mail, postage prepaid. All communications will be sent to the addresses set forth above.

IN WITNESS WHEREOF, the parties hereto have executed this Agreement in duplicate on the day and year first written.

# 第2章
# Service Agreement
## 役務提供契約／業務委託契約

## 2.1 Service Agreement とは

　Service Agreement は，業務処理あるいは仕事の完成を発注者（Principal）が受託者（service agent, service provider, vendor）に委託する契約であり，修理，ウェブ作成，コールセンター運営，コンサルティングなど役務提供を受ける場合に利用される。Service Agreement は，単独契約あるいは本モデル契約のように基本契約として利用される。基本契約の場合，個別契約である SOW（Statement of Work；作業指示書，作業明細書，作業範囲記述書，業務記述書などと訳される）や Service Order といった名称の個別契約と共に利用される。SOW は，Service Agreement の別紙にフォーマットとして添付されることが多く，複数回使用でき，業務範囲，仕様，成果物の内容，納期，金額などが記載される。

## 2.2 契約にあたっての検討事項

### 2.2.1 検査合格条件

　成果物や納品物がある場合，発注者にこれらが納品された後に発注者が検査し，合格した場合に引渡が完了する検査条件とすることができる。

### 2.2.2 成果物や納品物の著作権

　成果物や納品物が発注者に納入された場合，これらの著作権が発注者に譲渡されたか規定する。契約交渉において発注者が著作権の譲渡を認めないこともあ

*175*

る。譲渡されない場合，一定条件の下での使用を求めることができる。発注者から受託者が成果物や納品物について著作者人格権を行使しないことを受注者に要求できる。

### 2.2.3　法律遵守，第三者の知的財産権

業務実施にあたり適用される法律，命令等を遵守し，成果物や納品物が作成される場合，第三者の知的財産権を侵害しないことを明記する。無断で他人の著作物を使用すると，販売中止やサービス停止に加え，損害賠償をしなければならなくなる。また，日本における下請法のような規制がないか調査が必要である。

### 2.2.4　対　　価

確定金額（fixed price 方式）であれば必要ないが，対価が契約終了時に確定する条件では契約時に契約金額がわからない。また，対価や費用条項において，「特別業務が発生した場合は追加費用を支払う」と規定すると，追加費用が発生する。しかし，契約時にはまだ詳細な業務内容を決定できない事情もある。契約時に単価を取り決めておく場合，time & material 方式という時間に単価をかけて決定される方式が使用される。

## 2.3　英文モデル契約書の重要条文の解説

- 契約当事者

本契約は，ABC Corporation（以下 ABC 社という）と Supplier（受託業者，以下 Supplier という）間のデジタル上で締結される業務委託基本契約である。

- 1条（業務の内容と義務）

1.1　Supplier は，ABC 社に対して本契約と別途締結される SOW に従い，業務を行う。業務において個人情報の取扱いがある場合，相手国に応じて特別な規定が必要となる（個人情報保護法に基づき外国にある第三者に個人データを提供できる条件を満たさないとならない）。

1.2　Supplier が本件業務を遵法で行う義務を規定している。

1.3　Supplier が納入した Deliverables（成果物）の著作権を ABC 社が有する規

定である。一定の制限のもとでSupplierが使用許諾されるとする契約条項にすることもできる。

1.4 いずれの当事者も他の当事者の商標，サービスマーク，ロゴあるいはその他の知的財産権を相手が承認しない方法で利用してはならない。

1.5 Supplierに，本件を行う技術等をもっており，ABC社がこれを信頼して締結したという保証表明条項である。

- 2条（支払方法）

業務に対する対価は，SOWに記載される対価のみが支払われる。費用があればこれを取り決める必要がある。

- 3条（両当事者の関係）

Supplierは，ABC社に対して業務を提供する独立当事者であることを定める。これは，本契約によって雇用関係として構成されないこと，Supplierが一般的な指示は受けるものの独自な立場として業務を実施することを規定している。

- 4条（保証）

Supplierによる業務の履行が専門家としての立場で行われること，業務に契約不適合がある場合についてどのように修復するかのオプションについて取り決めている。

- 5条（補償）

Supplierは，本契約の実施にあたってABC社およびその子会社，取締役，社員などについては責任がないことを補償する。なお，両当事者は間接損害，特別損害，結果損害や懲罰的賠償責任を負担していない。また，SupplierはUS＄100万を最低限とする賠償責任に加入することを義務としており，この制限額でよいのかを検討する。本契約には責任制限条項があるが，必要に応じて修正あるいは削除すること。

- 7条（一般条項）

7.5 贈与等禁止条項／ABC社の社員等に贈与等を申し出ること，あるいは支払うことを禁止する。

- 別紙A SOW

SOWは，Service Agreementに基づく個別契約であり，SOWの規定による。サービスレベル（5条）は，必要な場合に基準についてさらに定めておく。

## Service Agreement

This Service Agreement (the "Agreement") is made and entered into as of _____, 2024 (the "Effective Date") by and between ABC corporation a Japanese corporation, having a principal place of business at _____ ("ABC") and _____, a _____ corporation, having a principal place of business at _____ ("Supplier"):

**1. Service and Duties.**

1.1 Supplier shall provide to ABC the consulting service regarding _____ (the "Service") in accordance with the terms and conditions of this Agreement and Statement of Work ("SOW") entered between ABC and Supplier from time to time using the template attached hereto as Attachment A. The Service shall include to deliver Deliverables ("Deliverables") defined in SOW. Title to Deliverables delivered by Supplier to ABC under this Agreement shall pass from Supplier to ABC upon delivery of Deliverables.

1.2 At all times during the term of this Agreement, Supplier shall comply with all laws applicable to its performance of the Service.

1.3 Neither party shall use the other party's trademarks, service marks, logo, or any other intellectual property rights for any purpose in order to perform this Agreement except as otherwise approved by the other party.

1.4 Supplier has represented to ABC that Supplier has the expertise required to perform the Service, and that it possesses the necessary skill, means of performance, capacity, facilities, trained personnel and financial resources for the successful completion of the Service, and that ABC is relying on such representation in entering into this Agreement.

**2. Payment for Service.**

As consideration for Supplier's performance of the Service, ABC shall pay to Supplier Fee as set forth in SOW. Supplier acknowledges and agrees that the payment of Fee constitutes Supplier's entire remuneration for its performance of the Service under this Agreement. Supplier will not be reimbursed for any additional charges or expenses.

**3. Relationship of Parties.**

Supplier is an independent entity providing the Service to ABC. No employment relationship is created by this Agreement. At all times during the term of this Agreement, Supplier shall retain its independent status and shall use its own discretion in performing the Service, subject to general direction by ABC and to the specific terms and conditions of this Agreement.

## 4. Warranty.

Supplier represents and warrants that the Service shall be completed in a professional, workmanlike manner and the Service shall be completed in accordance with applicable specifications and SOW. For any defective or non-conforming Service covered by the foregoing warranty, Supplier shall promptly, at ABC's option: (i) re-perform the Service, or (ii) repair or replace Deliverables, or (iii) accept the return of (and credit ABC for) the defective or nonconforming Deliverables and the Service, as applicable.

## 5. Indemnification

**5.1** Supplier shall indemnify, hold harmless and defend ABC and its subsidiaries and affiliates, and their respective directors, officers, employees and agents, from and against all claims, liabilities, actions, demands, settlements, damages, costs, fees and losses of any type in connection with, in whole or in part any breach on the part of Supplier in the performance of this Agreement. UNDER NO CIRCUMSTANCES SHALL EITHER PARTY BE LIABLE FOR ANY INDIRECT, INCIDENTAL, SPECIAL, CONSEQUENTIAL OR PUNITIVE DAMAGES INCURRED OR SUFFERED BY THE OTHER PARTY ARISING OUT OF OR IN CONNECTION WITH THIS AGREEMENT.

**5.2** At all times applicable to Supplier's obligations under this Agreement, Supplier shall, at no cost to ABC, maintain at least the general liability insurance coverage in the amount of US $ 1,000,000.

**5.3** In no event will either party's aggregate liability under this Agreement exceed actually paid amounts from ABC to Supplier during twelve (12) months period immediately preceeding the date when the cause of action first arises.

## 6. Confidentiality

**6.1** Supplier shall not disclose any ABC Confidential Information to any third party or otherwise. "ABC Confidential Information" means information concerning ABC's products, plans, methods, processes, customers, personnel and other information related to the business of ABC and the performance of this Agreement. ABC Confidential Information does not include any information which: (a) Supplier rightfully knew before ABC disclosed it to Supplier; (b) has become publicly known through no wrongful act of Supplier; or (c) Supplier developed independently and without the use of any ABC Confidential Information. Upon the termination of this Agreement, Supplier shall return to ABC all ABC Confidential

*179*

Information.

6.2　Neither party shall make any public statement whatsoever regarding the existence of this Agreement or the parties' relationship.

## 7.　Miscellaneous

7.1　Assignment. The rights and obligations of ABC and Supplier under this Agreement shall not be assigned, in whole or in part, at any time, without the consent of the other party.

7.2　Notices. Any notice required or permitted hereunder shall be in writing and shall be given to the appropriate party at the address first set forth above, or at such other address as the party may hereafter specify in writing.

7.3　Governing Law and Venue. This Agreement shall be governed by and the interpreted under the laws of ＿＿＿＿＿＿. In the event of any dispute between ABC and Supplier arising out of or in connection with this Agreement and/ or SOW, the parties shall attempt, promptly and in good faith, to resolve any such dispute. If the parties are unable to resolve any such dispute within thirty (30) days, then either party may submit such dispute to the arbitration to be held in ＿＿＿＿＿＿ in accordance with the rules of ＿＿＿＿＿＿.

7.4　No Gratuities. Supplier shall not offer or give ABC or any of their employees or agents, any gratuity, payment or other personal benefit.

7.5　Complete Understanding. This Agreement and any attached Attachment, all of which are incorporated into this Agreement by this reference, constitute the full and complete understanding and agreement of the parties relating to the subject matter hereof and supersede all prior understandings and agreements relating to such subject matter.

IN WITNESS WHEREOF, ABC and Supplier have executed this Agreement by digital format effective on the dates set forth below.

ABC Corporation

By : ＿＿＿＿＿＿＿＿＿＿
Name : ＿＿＿＿＿＿＿＿＿＿
Title : ＿＿＿＿＿＿＿＿＿＿

Supplier

By : ＿＿＿＿＿＿＿＿＿＿
Name : ＿＿＿＿＿＿＿＿＿＿
Title : ＿＿＿＿＿＿＿＿＿＿

## ATTACHMENT A

## Statement of Work

This Attachment A is attached to and incorporated in the certain Service Agreement entered into by and between the ABC Corporation ("ABC") and _____ ("Supplier") dated _____ (the "Agreement"). The terms of the Agreement shall apply to SOW. Unless otherwise defined, the capitalized terms shall have the same meaning as such terms in the Agreement. In the event of a conflict between this SOW and the Agreement, the terms of SOW shall control.

1. **Service and Deliverables.** Supplier shall provide the following Service and Deliverables on the dates set forth below.

    Details of the Service:
    Deliverables to be delivered:

2. **Delivery/Performance Schedule.**

    Service start date:
    Deadline for delivery of Deliverables:

3. **Fee and Expense.**

    Amount of Fee and Expense shall be:

4. **Payment Terms and Schedule.**

5. **Service Level Agreement:**


ACCEPTED AND AGREED:
ABC Corporation                              Supplier

By : _____                       By : _____
Name : _____                       Name : _____
Title : _____                     Title : _____

# 第3章
# Non-Disclosure Agreement
## (Confidentiality Agreement)
## 守秘義務契約

## 3.1　Non-Disclosure Agreement (Confidentiality Agreement) とは

　Non-Disclosure Agreement (NDA) は Confidentiality Agreement (CA) とも呼ばれ，日本語では秘密保持契約，あるいは守秘義務契約などと呼ばれている（以下，「守秘義務契約」という）。当事者の一方がもう一方の当事者に何らかの情報を提供する際に，情報を受け取る当事者が受領した情報の秘密を守ることを約束する契約である。

　当事者が何らかの取引関係に入る交渉を始める場合，交渉内容の検討に必要な情報を一方の当事者，あるいは双方の当事者が，相手方に開示するのが普通である。ところで，情報受領者が情報を第三者に漏洩してしまうと，情報開示者は，その情報に基づく収益機会やビジネス上の優位性を失いかねない。そこで，情報受領者に，受領した情報を第三者に開示しないことを約束させるため守秘義務契約を締結する。

　守秘義務契約には，秘密を保持する条項の他，さまざまな条項が盛られるのが通例である。秘密情報の定義，目的外使用の禁止，関係者への開示，情報の返還，契約の有効期間などが一般的なものである。さらに必要に応じ，黙示の合意の不存在，第三者への接触禁止，情報の正確性に関する表明保証の不存在などが規定される。

## 3.2 守秘義務契約条項の検討

### 3.2.1 守秘義務条項

守秘義務条項は守秘義務契約の中心をなす条項である。情報受領者が情報の秘密を保持する旨が規定される。同意があれば第三者に開示してよいことが定められることも多い。

> Receiving Party and its Representatives shall keep strictly confidential and shall not, without Disclosing Party's prior written consent, disclose the Confidential Information.

### 3.2.2 秘密情報

守秘義務契約では，守秘義務の対象となる秘密情報の範囲が定義される。幅広く定義するのであれば，「○○に関して提供された，書面，口頭を問わない一切の情報」といった包括的な定義が用いられる。また，守秘義務契約を締結した事実や案件について交渉している事実も秘密情報の内容とされることがある。

> The term "Confidential Information" means all information, regardless of the manner in which it is furnished by Disclosing Party or its Representatives to Receiving Party or its Representatives, all notes, analyses, compilations, data, studies or other documents prepared by Disclosing Party or its Representatives containing or based in whole or in part on any such furnished information, and the fact that the Parties are considering, evaluating, discussing and/or negotiating the Proposed Transaction.

限定的に定義したいのであれば，「○○に関して」という部分を具体的な内容にする。書面であれば「秘密」といった表示をする，口頭であれば口頭で開示した情報を後に書面に要約したうえで秘密情報の対象となる旨通知する，という手続を要求することもある。

> The Confidential Information disclosed by Disclosing Party to Receiving Party and/or its Representatives in written or other permanent form, shall be prominently and unambiguously identified and marked as "Confidential". The Confidential Information disclosed verbally, shall be stated as being confidential at the time of disclosure, and thereafter summarized in written form that clearly and unambiguously identifies the Confidential Information.

守秘義務契約の対象となる情報であっても, (i)情報受領者が情報の開示を受けた段階で既に保有していた情報, (ii)公知である情報又は公知となった情報, (iii)守秘義務を負わない第三者から入手した情報などは秘密情報から除外される。

> The following information shall not be deemed Confidential Information which :
> (1) is already known to the Receiving Party ; or
> (2) is or becomes publicly known without breach of this Agreement ; or
> (3) is received from a third party without similar restriction and without breach of this Agreement.

また, 情報受領者が独自に考え出したノウハウなどは秘密情報から除外することが多い。

> (Confidential Information which)
> (4) is independently developed by Receiving Party who have not had access to any of the Confidential Information and without violating its obligations hereunder ;

情報開示者が開示を承認した情報を形式的に秘密情報から除外することもある。

> (Confidential Information which)
> (5) is approved for release by written authorization of Disclosing Party.

さらに, 秘密情報であっても裁判所の命令や法の定めがある場合には開示してよいというように, 情報受領者の義務の範囲を確認するを軽減することもある。

> In the event that Receiving Party and/or its Representatives are requested or required to disclose Confidential Information by any order of any court of competent jurisdiction or any competent judicial, governmental or regulatory body, and/or the laws or regulations of any country with jurisdiction, Receiving Party may disclose such portion of Confidential Information which is requested or required by such order, laws or regulations.

### 3.2.3 目的外使用の禁止

　情報受領者が入手した情報を，自らの収益機会の追及といった目的などに不正利用すると，情報開示者の利益は保護されなくなる。そこで守秘義務条項に加えて，情報受領者が案件の検討といった目的外には秘密情報を使用しないことを要求するのが通例である。

> Receiving Party and its Representatives shall use the Confidential Information for such purpose as is necessary for evaluating the AX Business only but not for any other purpose or for their own benefit, except as provided herein.

### 3.2.4 関係者への開示

　情報受領者が法人の場合，具体的にはその役員や従業員が情報を受け取ることになる。親会社へ稟議を行ったり，弁護士や会計士に案件に関する助言を求めたりすることもある。そこで情報受領者の関係者も守秘義務契約の対象とし，情報を受領できるようにする。

> For the purposes hereof, the "Representatives" of each party hereto shall mean each such party's officers, directors, employees, affiliates, attorneys, accountants and consultants.

　情報受領者の関係者は，必要最小限の範囲に限る旨を定めることが多い。

> Receiving Party may disclose the Confidential Information only to such Representatives as are strictly necessary for evaluating the AX Business.

　一方でこれらの関係者にも守秘義務が課せられ，情報受領者が責任を負う旨規

定する。

> Receiving Party and its Representatives shall keep the Confidential Information strictly confidential.

> Receiving Party shall be responsible for ensuring that any of its Representatives shall keep such information confidential and shall not disclose or divulge the same to any un-authorized persons.

### 3.2.5　情報の返還

　守秘義務契約では情報の返還について定めることが多い。受領した情報でパソコンやサーバーに保存されているものを念頭に，返還を求める以外に「破棄しなければならない」といった文言を入れるのが一般的である。

> All Confidential Information furnished hereunder shall remain the property of Disclosing Party and shall be returned to it or destroyed promptly at its request together with all copies made thereof by Receiving Party.

### 3.2.6　契約の有効期間

　守秘義務契約の有効期間の規定方法は，情報の受渡しの態様により異なる。一回限りの受渡しであれば，「守秘義務契約の締結日から〇年間」などといった内容になる。

> This Agreement shall be terminated one year from the date hereof.

　一方，継続的に情報を受け渡す場合は，受け渡す期間を定めたうえで，各々の情報について受領した日から一定期間は守秘義務を負うなどとする。

> The term of this Agreement, during which Confidential Information may be disclosed to Receiving Party, shall begin as of the date first written above, and shall expire on ＿ , or such date as Receiving Party decided not to consummate the proposed acquisition project, whichever comes earlier. However, the expiration of this Agreement shall not relieve Receiving Party of its obligations hereunder regarding the protection and use of proprietary information disclosed hereunder prior to the expiration date for a period on five (5) years from the date of expiration.

### 3.2.7　黙示の合意の不存在

秘密情報に関する権利の利用や譲渡，あるいはパートナーシップの形成について「黙示の合意」がないことを確認する条項が入れられることがある。

> The parties hereto agree that no right or licenses in the Confidential Information is granted to Receiving Party or any of its Representatives except as expressly provided for herein.

> This Agreement does not create a partnership, associations or joint venture or agreement to sell and purchase the AX Business between the parties, nor shall it constitute any party as either an agent or employee of any other party.

### 3.2.8　情報に言及されている第三者への接触禁止

情報に含まれる第三者との接触を禁止する条項が規定されることもある。

> Furthermore, the Recipient and its Representatives will not, without Disclosing Party's prior consent, contact third parties shown in the Confidential Information related to the Projects.

### 3.2.9　情報の正確性に関する表明保証の不存在

情報開示者が秘密情報の正確性について責任を負わないと定めることもある。

> Except for any representations or warranties set forth in a definitive agreement regarding a financing transaction, Receiving Party understands that Disclosing Party and its Representatives have not and do not make any representations or warranties, express or implied, regarding the accuracy or completeness of the Confidential Information, and that Disclosing Party and its Representatives have no liability to Receiving Party for damages, claims, or losses resulting from the use of the Confidential Information.

## 3.3 守秘義務契約の例

　ここでは，ABC株式会社がXYZ Corporationに対し，AXビジネス部門を売却する交渉を行うために情報を開示するという設定になっている。

　「3.2.1守秘義務条項」で見た内容は，秘密情報の包括的な定義とともに第1項に規定される。その他，「3.2.3目的外使用の禁止」で検討した規定が含まれる。

　「3.2.2秘密情報」で触れた秘密情報の範囲については，一般的な守秘義務契約によく見られる形式で第2項に述べられている。

　「3.2.4関係者への開示」で見たように，この守秘義務契約も第4項において情報受領者が関係者に秘密を保持させることを定めている。

　「3.2.5情報の返還」で触れた内容は第6項に規定している。

　「3.2.6契約の有効期間」に関する内容は第5項に規定している。この例では，契約の有効期間について，開示された具体的な条項については，契約の終了後も一定期間，守秘義務の対象としていることに注意が必要である。

　「3.2.7黙示の合意の不存在」については，まず第3項で受け渡された秘密情報について権利の譲渡や利用について黙示の合意がないことを明確にしている。また，第10項では守秘義務契約が当事者間に何らの関係も作るものではないとされる。

## Non-Disclosure Agreement

THIS AGREEMENT is entered into as of _____, by and between ABC Corporation, a corporation organized and existing under the laws of Japan and having its principal place of business at _____, Japan (hereinafter referred to as "Disclosing Party") and XYZ Corporation, a corporation organized and existing under the laws of the State of Delaware and having its registered office at _____, Delaware (hereinafter referred to as "Receiving Party").

WHEREAS, Disclosing Party desires to sell the certain business (hereinafter referred to as the "AX Business") conducted by Disclosing Party or through its division commonly known as the AX Division (hereinafter referred to as the "AX Division") and Disclosing Party represents that it owns all of the rights, title and interest in and to the assets used in the operation of the AX Business and all intellectual and industrial property rights, and any and all other rights of whatever nature necessary and/or related to the AX Business, including, without limitation, rights and licenses with respect to the manufacture, wholesale and retail sale, and distribution throughout certain territory in the world (hereinafter referred to as the "Territory") of certain products manufactured by AX Division (hereinafter referred to as the "Products"),

WHEREAS, Receiving Party desires to purchase from Disclosing Party and Disclosing Party desires to sell to Receiving Party certain of the assets of Disclosing Party relating to the AX Business, including, without limitation, certain of the equipment and machinery and certain of the inventory of the Products which may be required for Receiving Party to continue the AX Business, and intellectual and industrial property rights which together shall constitute all tangible and intangible rights necessary for Receiving Party to manufacture and distribute the Products in the Territory, and Receiving Party requires to be provided with certain information relating to the AX Business for the purpose of evaluating the AX Business,

WHEREAS, Disclosing Party agrees to provide Receiving Party and its Representatives with various proprietary information and other necessary information relating to the AX Business and AX Division, subject to the terms and conditions hereinafter provided,

NOW THEREFORE, in consideration of the mutual covenants and promises contained herein, and other good, adequate and sufficient consideration, receipt of which is hereby expressly acknowledged, both Disclosing Party and Receiving Party agree as follows :

1. Receiving Party and its Representatives shall keep strictly confidential and shall not, without Disclosing Party's prior written consent, disclose any information (hereinafter referred to as the "Confidential Information") received from Disclosing Party that is designated by Disclosing Party, either verbally or in

writing, as being confidential or proprietary information or as representing trade secrets information of Disclosing Party, to any other person, firm or corporation, except as otherwise agreed to by Disclosing Party.

For the purposes hereof, the "Representatives" of each party hereto shall mean each such party's officers, directors, employees, affiliates, attorneys, accountants and consultants.

Receiving Party and its Representatives shall use the Confidential Information for such purpose as is necessary for evaluating the AX Business only but not for any other purpose or for their own benefit, except as provided herein.

Receiving Party and its Representatives shall use the same degree of care, but not less than a reasonable degree of care, to avoid disclosure or use of the Confidential Information as Disclosing Party or usual person would employ with respect to their own confidential or proprietary information of like importance.

2. The Confidential Information disclosed by Disclosing Party to Receiving Party and/or its Representatives in written or other permanent form, shall be prominently and unambiguously identified and marked as "Confidential". The Confidential Information disclosed verbally, shall be stated as being confidential at the time of disclosure, and thereafter summarized in written form that clearly and unambiguously identifies the Confidential Information.

The parties hereto further agree that the following information shall not be deemed Confidential Information and neither party shall have any obligation to keep confidential with respect to any such information which :

(1) is already known to Receiving Party ; or
(2) is or becomes publicly known without breach of this Agreement ; or
(3) is received from a third party without similar restriction and without breach of this Agreement ; or
(4) is independently developed by Receiving Party who have not had access to any of the Confidential Information and without violating its obligations hereunder ; or
(5) is approved for release by written authorization of Disclosing Party.

3. The parties hereto agree that no right or licenses in the Confidential Information is granted to Receiving Party or any of its Representatives except as expressly provided for herein. Receiving Party shall not assign or transfer in any way any rights or obligations arising under this Agreement without prior written

consent of Disclosing Party.

4. Receiving Party shall be responsible for ensuring that any of its Representatives shall keep such information confidential and shall not disclose or divulge the same to any unauthorized persons.

5. The term of this Agreement, during which Confidential Information may be disclosed to Receiving Party, shall begin as of the date first written above, and shall expire on _____, or such date as Receiving Party decided not to consummate the proposed acquisition project, whichever comes earlier. However, the expiration of this Agreement shall not relieve Receiving Party of its obligations hereunder regarding the protection and use of proprietary information disclosed hereunder prior to the expiration date for a period on five (5) years from the date of expiration.

6. All Confidential Information furnished hereunder shall remain the property of Disclosing Party and shall be returned to it or destroyed promptly at its request together with all copies made thereof by Receiving Party. Upon request, Receiving Party shall send Disclosing Party a destruction certificate.

7. This Agreement constitutes the entire agreement among the parties hereto and supersedes any and all prior commitments or agreements. Any revision or alteration of this Agreement shall be made only with the written consent of all the parties hereto.

8. The formation, construction, validity, interpretation and performance of the Agreement shall in all respects be governed by and interpreted in accordance with the laws of _____, without regard to its provisions concerning choice of law. With respect to all claims, disputes, controversies, or differences that may arise between the parties, out of or in relation to or in connection with the Agreement, or the breach thereof, the parties consent to the personal jurisdiction of _____ and waive any defense to any such action based upon lack of personal jurisdiction, forum non-convenience, or choice of venue.

9. Any provision of this Agreement that is prohibited or unenforceable in any jurisdiction, shall, as to such jurisdiction, be ineffective to the extent of such prohibition without invalidating the remaining provisions hereof or effecting the validity or enforceability of such provision in any other jurisdiction.

10. This Agreement does not create a partnership, associations or joint venture or agreement to sell and purchase the AX Business between the parties, nor shall it constitute any party as either an agent or employee of any other party.

**11.** This Agreement may be executed in one or more counterparts and is effective when each of the parties has executed a copy hereof. Each of the counterparts shall be deemed an original, all counterparts taken together shall comprise one and the same instrument.

ABC Corporation                XYZ Corporation

By : _____     By : _____
Title : _____    Title : _____
Date : _____     Date : _____

## 守秘義務契約

　ABC 株式会社（日本法に基づき設立され存続し，主たる事務所を［住所］に置く会社。以下，「情報開示者」という。）と XYZ Corporation（デラウエア州法に基づき設立され存続し，主たる事務所を［住所］に置く会社。以下，「情報受領者」という。）とは，［年月日］に本契約に合意する。

　情報開示者は，情報開示者が，あるいは情報開示者の AX 部門（以下，「AX 部門」という。）として一般に知られる情報開示者の部門が，運営するある営業（以下，「AX ビジネス」という。）を売却することを望んでおり，情報開示者は，情報開示者が(i) AX ビジネスの運営に用いられる資産に対する権利，権原，権益の全て，並びに，(ii) AX 部門によって製造される製品（以下「製品」という。）に関する，全ての知的財産権，産業財産権，及び，AX ビジネスに必要で関連するあらゆる種類のその他全ての権利（製造，卸売りや小売，世界の一定の地域（以下「地域」という。）における販売に関する権利や免許を含むがこれらに限られない。）を所有することを表明し，

　情報受領者は情報開示者から，情報受領者が地域において製品を製造，販売するのに必要な有体・無体の権利の全てを構成する，AX ビジネスに関する一定の資産（一定の設備や機械が含まれるが，これらに限られない。），情報受領者が AX ビジネスを継続する際に必要になる一定の製品の在庫，及び，知的財産権，産業財産権，を買うことを希望し，情報開示者は情報受領者へこれらを売ることを希望し，情報受領者は，AX ビジネスの評価を行う目的のために，AX ビジネスに関する一定の情報が提供されることを求め，

　以下の条項に従うことを条件に，情報開示者は，AX ビジネス及び AX 部門に関する，さまざまな専有情報及びその他の必要な情報を情報受領者に対して提供することに同意し，

　よってここに，その他適切かつ十分な約因とともに，ここに記載された相互の契約と誓約を約因とし，そしてこれらの約因が明確に授受されたことを確認した上で，情報開示者及び情報受領者は以下の通り合意する。

1．情報受領者及びその関係者は，情報開示者が別途同意した場合を除き，口頭，書面を問わず情報開示者によって，秘密情報若しくは専有情報であると示された，又は，いかなる個人，法人，会社との関係でも情報開示者の営業秘密であると示された，情報開示者から受領した全ての情報（以下「秘密情報」という。）の秘密を厳格に保ち，情報開示者の事前の書面による同意なく開示しないものとする。

　本契約において，当事者の「関係者」とは，当事者の役員，取締役，従業員，関係会社，弁護士，会計士，コンサルタントをいうものとする。

情報受領者は，本契約に示される場合を除き，AX ビジネスの評価に必要とされる目的のみに秘密情報を利用し，自らの利益の為やその他のいかなる理由の為にも秘密情報を利用しないものとする。

情報受領者及びその関係者は，秘密情報の漏洩や目的外利用を避けるために，情報開示者や一般人が同様に重要な秘密情報や専有情報を取り扱う際に用いるのと同程度の注意を，但し，合理的な水準を下回ることのない程度の注意を，払うものとする。

2．情報開示者が情報受領者やその関係者に書面その他記録に残る形で秘密情報を開示する際は，分かりやすく明確に特定した上で，「秘密」と表示しなければならない。秘密情報を口頭で開示する際は，開示に際して秘密情報である旨伝達し，後に秘密情報を書面に要約し明確に特定しなければならないものとする。

両当事者は，以下の情報は秘密情報とみなされるものではなく，これらの情報に関して両当事者は秘密を保持する義務を負わないことに合意する。

(1) 情報受領者が既に保有する情報
(2) 公知である情報又は情報受領者が本契約に違反することなく公知となった情報
(3) この契約と類似する制限を受けない第三者から，本契約に違反することなく受領した情報
(4) 情報受領者がいかなる秘密情報に接することなく，かつ，本契約上の義務に反することなく独自に開発した情報
(5) 情報を開示することを情報開示者が書面により承認した情報

3．両当事者は，本契約によって明確に提供されている場合を除き，秘密情報に含まれるいかなる権利や許可が情報受領者又はその関係者に与えられるものではないことを確認する。情報受領者は，情報開示者の事前の書面による同意なく，本契約に基づく権利や義務をいかなる形でも譲渡又は移転してはならないものとする。

4．情報受領者は，そのいかなる関係者が秘密情報の秘密を守り，秘密情報を許可のない者に開示したり漏洩したりすることがないよう取り計らう責任を負うものとする。

5．情報受領者に秘密情報が開示される本契約の期間は，本契約の頭書に記載された日から，[     ] 又は情報受領者が提案されている買収案件に取り組まないことを決定した日の，いずれか早く到来した日までとする。但し，本契約の期間が終了したとしても，本契約の終了日から 5 年間は本契約に基づき開示された情報の保護や利用に関して情報受領者は本契約に基づく義務を

第3章　Non-Disclosure Agreement（Confidentiality Agreement）　守秘義務契約

負うものとする。

6．本契約に基づき提供された全ての秘密情報は引き続き情報開示者の財産であり，情報開示者の要求に基づき情報受領者によって作成された全ての複写物とともに返還されるか破棄されるかしなければならない。要請があった際は，情報受領者は情報破棄証明を情報開示者に提出しなければならない。

7．本契約は，その内容についての両当事者間の唯一の合意事項となるものであり，これまでになされた全ての約束や合意に代替するものである。本契約の修正や変更は，両当事者の書面による合意によってのみ行うものとする。

8．本契約の成立，構成，効力，解釈及び履行は，準拠法の選択に関する規定にかかわらず，あらゆる点において［　　　］法に準拠し解釈されるものとする。本契約に基づき，あるいは本契約に関連して当事者間に生じた全ての請求，主張，論争，紛議に関し，両当事者は［裁判所］の人的裁判管轄に服することに同意し，人的管轄の不存在，不便宜法廷，裁判地の選択の抗弁権を放棄する。

9．本契約のいずれかの条項が，ある裁判管轄で違法又は執行不能とされた場合であっても，当該裁判管轄において当該条項以外の条項の効力に影響を及ぼすことはなく，その他の裁判管轄においては当該条項の有効性や執行可能性にも影響を及ぼすものでもない。

10．本契約は，両当事者間にパートナーシップ，提携，ジョイントベンチャーを組成するものではなく，またAXビジネスの売買契約となるものでもない。さらに，本契約は一方の当事者を他方の当事者の代理人や被用者とするものでもない。

11．本契約は正本一通のみ若しくは正本と副本により締結することができ，全当事者が正本を締結した際に有効となる。各正本と副本は原本とみなされるものとするが，かかる副本と正本の全てが単一かつ同一の契約を構成するものとする。

ABC 株式会社　　　　　　　　　XYZ Corporation

名前：＿＿＿＿＿＿＿＿＿＿　　　名前：＿＿＿＿＿＿＿＿＿＿

肩書：＿＿＿＿＿＿＿＿＿＿　　　肩書：＿＿＿＿＿＿＿＿＿＿

日付：＿＿＿＿＿＿＿＿＿＿　　　日付：＿＿＿＿＿＿＿＿＿＿

## 英文契約の「解読」に際して

英文契約を「解読」する際に文がやたらと長く，何度読んでも意味が分からないことがある。筆者がアメリカのロースクールで受けた講義の中で，教授がある契約の条項を学生に読ませた後，最初の質問が「Where's the verb ?」であったことを今も鮮明に覚えている。

主語に対応する動詞を見つけ出すことは必須の手順であるが，さらに"and"と"or"の解析も有効である。

例えば，守秘義務契約の参考例の次の文は，一読しただけでは意味は分からない。

> WHEREAS, Receiving Party desires to purchase from Disclosing Party and Disclosing Party desires to sell to Receiving Party certain of the assets of Disclosing Party relating to the AX Business, including, without limitation, certain of the equipment and machinery and certain of the inventory of the Products which may be required for the Receiving Party to continue the AX Business, and intellectual and industrial property rights which together shall constitute all tangible and intangible rights necessary for Receiving Party to manufacture and distribute the Products in the Territory, and Receiving Party requires to be provided with certain information relating to the AX Business for the purpose of evaluating the AX Business,

これを次のように"and"と"or"が対比しているものを探り，段下げしてみる。

> WHEREAS,
> 　　　Receiving Party desires to purchase from Disclosing Party
> 　　and
> 　　　Disclosing Party desires to sell to Receiving Party
> 　　　　　　certain of the assets of Disclosing Party
> 　　　　　　relating to the AX Business, including,

> 　　　　　　　without limitation, certain of the equipment and machinery
> 　　　and
> 　　　　　　　certain of the inventory of the Products which may be required for the Receiving Party to continue the AX Business,
> 　　　and
> 　　　　　　　intellectual and industrial property rights
>
> 　　　which together shall constitute all tangible and intangible rights necessary for Receiving Party to manufacture and distribute the Products in the Territory,
>
> and
>
> 　　　Receiving Party requires to be provided with certain information relating to the AX Business for the purpose of evaluating the AX Business,

　このように「解析」すると長い文章も全体像を把握しやすくなる。ここに掲げた文は大きく2つの独立した文に分けることができる。前半の文は"Receiving Party desires"から始まる部分と"Disclosing Party desires"から始まる部分が目的語を共通にしている。その目的語は"certain of the assets"と"certain of the inventory"とが同じ階層で有体的な権利」として列挙され、この「有体的な権利」が"intellectual and industrial property rights"という「無体的な権利」と対比されて目的語を作っていることが分かる。この目的語の固まりは"which"以下により修飾されており、その内容から"all tangible and intangible rights"が列挙されていることを確認できる。後半の文は短いので簡単に理解できる。
　結局、このような地道な手法を踏んだ方が正確で早い理解につながるようである。

# 第4章
# Memorandum of Understanding
## 意向書／覚書

## 4.1　Memorandum of Understanding（MOU）とは

Memorandum of Understanding（Letter of Intent としても利用される）は，本契約に先立つ合意事項を確認する契約である。覚書だから契約でないという理解は間違いであり，違反については損害賠償の請求，裁判が提起されることもある。実際，日本企業が MOU に基づき海外から訴訟で訴えられた経験がある。

## 4.2　契約にあたっての検討事項

### 4.2.1　MOU の必要性

本契約に先立ち，MOU が必要であるかを検討すべきである。MOU 交渉に時間がかかるのであれば，本契約の交渉をする方がよい。MOU には法的拘束力はないとすることが多いため，時間的に短い交渉で，社内許可（取締役会や社内投資委員会などの許可等）を取得していない段階で締結することが考えられる。例えば海外で会議に出席して，相手方と何らかの関係を構築するために締結するケースである。MOU は締結すべきでないとする考えもあるが，最終契約を締結するのにまだ条件がそろっていないが，両当事者の意思を固めておきたいという場合や，何らかの合意事項を確認する場合に使用される。例えば，会社を買収する取引において，買収希望の会社が数社ある場合，売主としては買主を確定しておきたいし，買主としても買収の意思を表示しておきたいと考える場合である。

### 4.2.2 法的拘束力

法的拘束力をなくすための条項である。法的拘束力がないといっても，全体に拘束力をもたせないのでなく，独占的交渉権条項や秘密保持条項など一定の条項について拘束力をもたせるので，どの条項に法的拘束力をもたせるかを検討することが重要となる。

### 4.2.3 独占交渉権

MOU において，独占交渉権が与えられ，これに伴いオプション契約とする対価（consideration）を支払う場合がある。本契約が締結されなければ確定的に失い，締結される場合は対価の一部とされることが多い。

## 4.3　英文モデル契約書重要事項の解説

MOU では，whereas clause（前文）は設けないことが通常である。契約サンプルの MOU は，次章の合弁契約書を作成する前段階で作成される前提としている。MOU を作成した後，さらなる交渉を行って最終契約の契約交渉が行われることを想定している。合弁会社の諸条件のうち，仮合意した最重要事項を先立って規定しているが，あくまでも仮合意である。例えば，資本金は，MOU では 2 億円だが最終合弁契約書においては 1 億円であるし，払込資本は授権資本の 25％ としている。なお，デジタルでの締結としている。

- 1条（新会社設立）
 日本の AB Corporation（AB 社）と米国の XYUS Corporation（US 社）が日本で株式会社の合弁会社を設立し，資本金と出資比率について合意する。
- 2条（増資，資金調達，経理）
 新会社の増資は，取締役会決議に基づいて出資比率で行う。資金不足の場合，株主が銀行に対して出資比率に応じて保証を行うことで資金調達を行う。限度を設けてもよい。ここでは連帯保証でないことを明記している。

- 4条（取締役会）
4.1 新会社の取締役は6名とし，AB社の取締役が4名，US社の取締役を2名とする。出資比率からみて妥当であるが，決議要件は過半数で行うことになっているのでAB社がすべての決定権をもつ。
4.2 取締役会で決議する一定の事項については，取締役全員一致としている。これによりUS社が拒否権をもつ。
- 5条（保証と表明）
両当事者がこの種の取引において通常とされる保証と表明を行うと規定している。
- 7条（独占交渉権）
US社は，MOUの締結日から半年間，他社と合弁会社を締結しないこと，直営店を設けないこと日本向けに再販売する第三者に製品を販売しないことについて同意する。
- 8条（正式契約）
US社がMOUの締結日から半年間，AB社とUS社は正式契約の締結に向けて交渉することに合意した。ただし，契約締結が合意できない場合においても両当事者は相手方に何ら請求はできない。
- 9条（法的拘束力）
6-11条を除いて法的拘束力がないことを規定する。
- 10条（期間）
MOUの期間は，以下のいずれかの事項が生じた最も早い時期までとする。
　(1) MOUを解除したいと他の当事者に書面で通知
　(2) 最終合弁契約書が締結
　(3) MOU締結日から6ヵ月
　(4) いずれかの当事者の破産，会社更生等
- 11条（一般条項）
本MOUでは規定していないが，紛争解決条項（venue，裁判管轄あるいは仲裁合意）を追加で設けてもよい。

## Memorandum of Understanding

This Memorandum of Understanding (this "Memorandum") is made and entered into as of this _____ day of _____, 2024, by and between AB Corporation, a Japanese corporation having its office at _____ ("AB") and XYUS Corporation, a N.Y. corporation having its office at _____, New York, U.S.A. ("US").

### 1. Formation of Company

US manufacturers clothes under the brand called "LEX" for men, women, and kids (the "Products"). AB and US agree to establish the company under the laws of Japan as Kabusikigaisha according to the Japanese company law (the "Company"). The purpose of the Company shall be to manufacture, sell, and distribute the Products in Japan. The Company's initial capital shall be ¥200,000,000, consisting of 4,000 shares of common stock (each share shall be "Share"). The company's authorized shares shall be 16,000 ("Authorized Shares"). AB shall subscribe for 2,400 Shares for ¥120,000,000. US shall subscribe for 1,600 Shares for ¥80,000,000.

### 2. Capital Increase, Funds, Accounting

The Parties shall subscribe and pay for the new shares up to Authorized Shares in proportion to the then shareholding ratio in accordance with the decision by the Meeting of Directors. In case the funds of the Company are insufficient and the Company cannot secure funds from the bank, AB and US shall provide the guarantee to the bank in proportion to the shareholding ratio (not jointly).

### 3. Business of the Company

US shall grant to the Company the exclusive license to manufacture, sell and distribute the Products in Japan and other Asian countries agreed by both parties. Under the brand name of LEX. AB shall manufacturer the Products for the Company at the AB factory.

### 4. Meeting of the Board of Directors

4.1 The Meeting of the Board of Directors shall consist of six members of the directors of whom AB shall nominate four and US shall nominate two. All actions taken by the Meeting of the Board of Directors shall require the vote of a majority of the members present at a duly constituted Meeting of the Board of Directors.

4.2 Any action taken with respect to any of the following matters shall require the unanimous affirmative vote of the members present at a duly constituted meeting of the Meeting of the Board of Directors:

(a) Any amendment to the Articles of Association;

*201*

(b) The sale, transfer or disposal of all or any significant portion of the assets of the Company or winding up and liquidation of the Company; and

(c) Investment, sales contract and any other contract, a value equal to or greater than JPY20,000,000.

## 5. Representations and Warranties

Each party shall make the representation and warranty that are customary for a transaction of the nature described herein.

## 6. Confidentiality

The party to this Memorandum agrees to keep confidential of the Confidential Information and use the Confidential Information only in accordance with this Memorandum ; provided, however, that this Memorandum shall impose no obligation on the party with respect to Confidential Information which (1) is now or becomes publicly known or available through no wrongful act or failure to act by the receiving party; (2) is independently developed by receiving party without use of disclosing party's Confidential Information; (3) is known by receiving party at the time of disclosure; or (4) is required to be disclosed pursuant to a requirements of a government agency or law. For purposes of this Memorandum, "Confidential Information" means confidential information disclosed by either party to the other in relation to this Memorandum.

## 7. Exclusivity

US agrees that for six (6) months from the date of this Memorandum that: (i) it will not agree with any other third parties to establish the joint venture in Japan, to manufacture, sell and distribute the Products in Japan or any other brands of US, (ii) it will not establish direct resale stores in Japan, and (iii) it will not sell to any third parties knowing that it will sell the Products to Japan.

## 8. Definite Agreement

For six (6) months from the date of this Memorandum, AB and US shall negotiate the terms and conditions of the definite agreement (the "Definite Agreement") for establishment the Company. Nothing in this Agreement will constitute the legal obligation to establish the Company and either party may make the written notice to the other party the intention not to form the Company without any further liability. Either party shall not claim to the other party in case such party determines not to form the Company.

## 9. Legal Binding

Except articles of 6-11, this Memorandum shall have no legal binding.

## 10. Term

This MOU shall become effective and valid until the earliest event of the following incidents:

1) if either party makes to the party in wring the intention to terminate this MOU;
2) if the Definite Agreement is made and entered;
3) six (6) months from the date of this MOU; or
4) if either party applies for or consent to the appointment of a receiver, trustee or liquidator for substantially all of its assets or such a receiver, trustee or liquidator is appointed, or a petition seeking reorganization or an arrangement with creditors, is made to either party.

## 11. Miscellaneous

**11.1** No Assignment. Each Party agrees that it will not assign, sell, transfer, delegate, or otherwise dispose of, whether voluntarily or involuntarily, any right or obligation under this Memorandum.

**11.2** Notices. All notices required or permitted under this Memorandum will be in writing in the English language to the address stated above.

**11.3** Governing Law. This Memorandum shall be governed by, and construed and interpreted in accordance with, the laws of _____, without giving effect to conflicts of law rules.

IN WITNESS WHEREOF, the Parties hereto have caused this Memorandum in two (2) original copies to be duly executed in digital by their respective representatives thereunto duly authorized on the day and year first above written, and each Party retain one copy each.

AB Corporation                     XYUS Corporation

By : _____                    By : _____
Name : _____                  Name : _____
Title : _____                 Title : _____

# 第5章
# Joint Venture Agreement
## 合弁契約

## 5.1　Joint Venture Agreement とは

　Joint Venture Agreement（合弁契約）は，2社以上の会社が製造や販売などの事業を共同して行うことを取り決める契約である。共同事業契約として新会社を設立しない形態もあり，既存会社を増資して第三者が引き受けて合弁会社に組み替えることも可能である（既存会社に隠れた債務のリスクがある点に注意が必要である）。第三者との販売代理店契約や支店を利用して合弁にしない検討も必要である。国によっては100％出資が認められず，現地パートナーとの合弁形態でないと進出できない。どの形態にするか，当該国の会社形態，外資制度，税務戦略（パススルーのため別法人を使うなど）やデメリットなど，様々な要因を検討する。日本では，株式会社の利用が一般的であるが，合同会社や有限責任事業組合の利用も税務上から検討価値がある。また中国であれば，3種類の企業形態である「合資企業（合弁会社）」，「合作企業（出資比率に関わらず責任及び収益分配を約定する）」「外商独資企業」があり，事業形態とプロジェクトに適した企業形態を選択する。一方，業種によっては外資100％出資や過半数出資の会社設立が認められない場合がある。合弁会社を設立するには，目的，合弁会社にする理由，パートナー調査，選定などの検討をふまえ，自社の戦略を明確にし，赤字，販売不振，資金不足などの問題に備えて，撤退条件を定めることが必要である。

## 5.2 契約検討事項

### 5.2.1 設立国における許可

外資合弁企業設立には，当該国の承認手続が必要となる批准主義がとられている国が多い。許可が必要になるので，仮に合弁契約書を当事者間で合意しても，特定条文について許可が下りない場合があり，修正しなければならない。必要書類が準備されているか確認することも重要である。例えば，中国であれば，合資企業の設立登記において，申請書，定款，株主の証明書や身分証明書，代表者の就任証明書と身分証明書，経営場所の合法使用証明書，審査機関の批准文書等が必要である。

### 5.2.2 会社法

合弁契約書の準拠法にかかわらず，合弁会社は設立する国の法律に準拠して設立される。例えばタイ会社法（Thai Limited Company Law）では，以前株主総会特別決議は決議要件の異なる2回が必要であったが現在は1回に改正されている（1194条）。また，株主総会決議は頭数で行うことが原則である（1182条）。どこまで合弁契約書で修正できるかを含めてこういった点をリサーチしないと契約書は設立国法に合致しているかわからない。特に経営権をもちたい場合，どうすれば可能であるかの検討が必要である。

### 5.2.3 資金負担

合弁交渉において，過半数の出資比率であるにもかかわらず，資金調達責任は100％日本側が負う，といった条件が外国パートナーから要求されることがある。一方，株式持分比率に応じて資金提供を行うと規定しても，現地パートナーの実行面に疑問が残るのである。資金調達義務が青天井にならないように資金負担限度額を設けるといった規定も検討する。

### 5.2.4 現物出資（contribution in kind）

中国，タイ，ベトナムなどの合弁企業において，日本側が現金を出資し，現地

側は土地や建物を現物出資することが多くみられる。土地や建物は30年間といった合弁契約の合弁期間と同じ期間の使用権とした場合，使用権がそもそも有効に成立しているか曖昧な場合があることに注意しなければならない。例えば，当局から土地の賃貸借の使用許可を受け，この権利を合弁会社に転貸し，当局への使用料（賃料）を一括払いでなく分割払いにしている場合があり，途中で合弁パートナーが不払いを起こすと，合弁期間に土地を利用することができない。したがって土地権利証書，契約などを確認する必要がある。

### 5.2.5　出資比率と経営機関

　出資比率でどちらが過半数をとるかを交渉し，その後，出資比率に応じた経営機関の設置に関して交渉を行うこととなる。取締役選出方法（日本側，外国側何名，議長選任方法など），取締役会議運営方法（定足数，議決方法など）を細かく決めておく。出資比率と経営機関は，バランスをとることが望ましいが，交渉による。例えば，日本企業が51％出資，中国企業が49％出資で合弁会社を設立しても，董事会（中国における取締役会）は4名の董事で構成され，日中双方が2名ずつ指名するといった場合，出資比率で過半数をとっても董事会が過半数とならない。その他にも，子会社とするための税制的な要件で過半数が必要とされる場合や，「合弁は，対等な立場で経営を進めるものであり，51％と49％のわずか2％の差であらゆる事項を日本側が決めるのはおかしい」といった主張がされる。特別決議事項を設けて，合弁契約上一定の重要事項は両当事者の事前の同意が必要とすることが通常である。

　次に経営機関（例えば社長）をどうするかが交渉となる。日本であれば代表取締役と取締役の違い，社長とは何か説明をしなければならない。各国で異なるので，chairman of the boardといった取締役会の議長が，日本の会社における「会長」と同じだと誤解が生じることもある。出資比率の問題を解決するため，優先株式を発行したり，取締役，監査役の選解任に関する種類株式を発行する場合もある。出資比率が同じであると争いがおき，会社の意思決定ができない状況であるDeadlockに備えなければならないため，解決できるように規定を設ける。

## 5.2.6　株式先買権（preemptive right）

株式先買権を相手方に与えることができる。先買権がないと譲渡希望者は株式を自由に第三者に譲渡することができ、他の当事者や望まない当事者が合弁会社に加わるので、株式譲渡を一切認めない契約も可能である。なお、適用法による外国人持分制限には注意が必要である。株式譲渡にあたって、評価方法をあらかじめ取り決めておく。合弁会社の業績がよければ株式評価額は当然額面より高く、累積赤字があれば当然額面より低く買い取ることになる。

## 5.2.7　ポイズンピル（poison pill）

ポイズンピルとは企業買収への対抗手段として、既存株主に有利な価格で普通株を引き受ける権利を与えたり、会社が合併されるときにその会社の株式を低価格で買い取る権利を与えることである。日本においても会社法108条1項6号により、一定の事由が生じた際に企業が株主から株式を取得することができる。国や州によって有効性が異なるので事前確認が必要である。

## 5.2.8　当事者の役割

合弁会社には財務的に信用力がないため、出資者の資金調達責任や製品引取義務といった当事者の役割が取り決められる。合弁会社の業務と現地出資者の業務とが混同して経営されたり、合弁当事者の信用力に頼るといった問題が起こる。現地パートナーの協力が必要な場合が多いので、明確に責任事項に記載することである。例えば、中国合弁会社において営業許可の取得協力義務を中国側に負担させるといったことである。さらに、提供する技術、ノウハウ、商標使用許諾ライセンス使用料の取決め、配当金などの外貨送金許可が認められるかといった確認が必要である。合弁会社が赤字でも出資者に利益を移転することは阻止する。

## 5.2.9　解　除

相手側が合弁契約に違反した場合、他方当事者が解除できる条項を設けるが、その後合弁会社を解散、清算するかという問題や資産処分が困難となる。契約不履行者から株式や持分を全部引き取る解決方法もあるが、現地当局の許可が必要

になる。

### 5.2.10　準拠法，仲裁，裁判地

合弁企業の設立準拠法とは異なる準拠法にすることや，裁判地を日本とすることも可能である。仮に日本の裁判所で勝訴したとしても，強制執行することができなければ当該国で再度執行のための訴訟を提起しなければならない。

## 5.3　英文モデル契約書の解説

- 契約当事者

日本法人である AB Corporation と New York 法人である XYUS Corporation との間の契約である。AB 社は，日本国内の衣類製造販売会社であり，US 社は，LEX ブランドの販売を行っている。

- 前　文

whereas clause は，両当事者が契約に至った経緯を記載する。契約書自体の解釈に関係ないが，事実関係と異なる内容や決定されていないことを記載することは紛争の元となるので避ける。

- 1条（新会社設立）

1.1　新会社は日本において日本法に基づく株式会社として設立され，会社名は英文で LEX Japan, K.K. とする。日本では英文の会社名も認められているが，どの会社名で登記できるかを事前確認する必要がある。

1.2　新会社の授権資本ならびに払込資本を規定。ここでは，AB 社の出資比率を 60%，US 社の出資比率を 40% とした。日本における US 社のブランドである LEX を製造販売するにあたって，このブランドを所有する US 社が少数株主になり，意思決定において多数決の原理において日本側の決定権に納得するかは，ビジネスの状況や相手方の合弁企業設立にあたっての考え方によるところが大きい（つまり，出資比率が逆になることは当然に考えられる）。

1.3　株式は譲渡禁止であるが，他の株主に株式先買権を与える。なお，一方の当事者が株式譲渡に合意せず，株式先買権も行使しない場合，合弁契約

の解除を含めて仲裁で話し合うことになる。
- 2条（会社の事業）

　US社は，新会社に契約地域内において，LEXのブランドに関する契約製品を製造，販売する独占的権利をAB社に付与する規定である。ライセンス条件は別紙Bに添付する。別紙規定条件は新会社にとって重要である。US社の新会社に対するライセンス条件がUS社にとって有利であればあるほど新会社の経営は難しくなるし，US社にとっては不確定な配当よりはライセンスフィーで利益を確保することによって投資に対するリターンが確保できる。AB社は，AB社の工場を使って契約製品の下請製造を行い，その条件は別紙Cに添付するが，ここでは特に対価の決定方法が新会社にとって重要になる。また，US社が契約地域に向けて契約製品を直接あるいは間接的に販売しないこと，契約地域において契約製品を製造あるいは販売することを第三者に認めないこと，契約地域に販売することを知りつついかなる第三者に契約製品を販売しないことを取り決めている。

- 3条（増資，資金調達，経理）

3.1　発行可能株式総数までの株式発行については，出資比率で行う義務がある。パートナーに資金力がない場合，新会社の資金調達に問題が生じる。

3.2　発行可能株式総数（日本法では会社法37条）の変更は，定款変更となることから，株主総会決議で行われることを規定する。株主には出資比率に応じた割当がなされ，引き受けない株式は他の株主に割り当てられる。なお，この引受は義務ではない。3.1条と異なり，他の株主が引き受けなかった場合，取り決めていないので会社法による。他の者に割り当てるとなれば，合弁契約書が想定していない株主が出現することになる。

3.3　新会社の資金が足りなくなった場合，株主が出資比率に応じて銀行に対する借入について保証をすること（連帯ではない）。このような無制限の株主資金調達責任は株主の有限責任とは矛盾しており，株主にとって大きな負担となる。また本条では株主が計算書類等にアクセスできることを定める。

- 4条（株主総会）

　通常総会ならびに臨時株主総会の開催方法の規定。会社法に合わせて開催時

期などを変更することが可能である。招集手続とその省略方法についても検討しておくとよい。

- 5条（取締役会）

5.1　AB社の取締役が3名，US社の取締役が2名であるが，比率は出資比率からみて妥当である。

5.2　取締役会が有効に成立するために，両者の取締役が最低1名含まれていることを必要とする規定。取締役会開催をさせないようにするため出席をボイコットするという場合があるので，取締役会を開催したのに出席がなされない場合，一定期間と通知をへて次の取締役会を開催し，それでも出席がない場合はこの条項の適用がないとする規定をおくこともできる。

5.3　取締役会の議決方法が過半数であることの規定。本規定においては，会社法に準拠すれば，過半数の取締役出席をして過半数で取り決めることになるが，この要件を加重している（日本会社法369条）。

5.4　一定事項についてUS社の拒否権を認めている規定。US社としては拒否権を多くすることを求めるであろうが，過半数を有するAB社としては制限するであろう。

- 6条（保証と表明）

6.1　契約当事者が以下の事項につき保証と表明を行う規定。
　(a)　組織／両者が設立準拠法に基づき有効に設立していること。
　(b)　許可と同意／本契約当事者が契約を締結するにあたっての承認を得ており，政府等の許可が不要であること。
　(c)　拘束力のある効果／本契約が当事者にとって有効で法的に拘束力のある契約であること。
　(d)　不履行がないこと／本契約の当事者が本契約を履行するにあたって法令違反にならいこと，また履行によって判決あるいは政府命令に違反とならないこと。
　(e)　訴訟／訴訟がないこと。
　(f)　仲介料／仲介料が本契約締結にあたって支払われないこと。

6.2　保証表明条項が契約締結日から1年間であることの規定。会社設立日からとすることもできる。

- 7条（違反，救済）

7.1 本契約の違反があった場合，60日間の治癒期間が与えられるが，会社更生といった倒産の場合は直ちに契約解除できる。

7.2 契約違反をしていない当事者は，合弁会社の清算を求めることができる。

7.3 資本金と同等額まで損失が拡大したとき，株主はレビューをして合弁会社の清算ができる。

- 8条（一般条項）

8.1 修正／契約書が書面によらずして修正されないことの規定。

8.2 権利不放棄／権利行使をしないことが権利放棄とみなされないことの規定。

8.3 譲渡禁止／契約書を譲渡してはならないことの規定。

8.4 通知／本契約に基づく通知方法の規定。この規定によらない通知は無効。

8.5 準拠法／準拠法の規定。なお，抵触法の規定を排除。

8.6 完全合意条項／本契約が本契約の主題に関わる完全な合意を形成し，それまでの交渉過程の合意事項に効力がないことを確認する規定。

8.7 紛争解決条項／契約に関する紛争は，ICCルールによる仲裁によって解決する規定。なお，仮処分といった裁判上の手続を行うことまでは妨げられてはいない。

*211*

# JOINT VENTURE AGREEMENT

This JOINT VENTURE AGREEENT (this "Agreement"), made and entered into as of this _____ day of _____, 2024, by and between AB Corporation, a corporation organized under the laws of Japan having its registered office at _____ ("AB") and XYUS Corporation, a corporation organized under the laws of the state of New York having its registered office at _____, New York, U.S.A. ("US"). Each of AB and US shall be "Party" respectively, and as the "Parties" collectively.

## WITNESSETH :

WHEREAS, AB is the manufacturer of clothes selling in Japan with more than 20 brand names through its own stores and through channels in Japan ;

WHEREAS, US is the manufacturer of clothes and one of the brand is "LEX" for men, women and kids and US has all intellectual and industrial property rights which shall constitute all rights necessary for US to manufacture, sell and distribute the LEX products as more specifically described in Attachment A (the "Products") ; and

WHEREAS, AB and US desire to establish the joint venture company in Japan (the "Company") to manufacture, sell and distribute the Products in Japan and Asia as more specifically described in Attachment A (the "Territory"). AB and US desire to enter into this Agreement in order to set forth the terms and conditions upon which the Company will be formed.

NOW, THEREFORE, in consideration of the mutual covenants and agreements herein contained, the Parties hereby agree as follows :

## 1. Formation of Company

**1.1** AB and US agree to establish the Company under the laws of Japan as Kabusikigaisha according to the Japanese companies act to be headquartered in Tokyo, Japan. The name of the Company will be LEX Japan, K.K in English. The purpose of the Company shall be to manufacture, sell, and distribute the Products in the Territory.

**1.2** The Company's initial capital shall be ¥100,000,000, consisting of 2,000 shares of common stock (each share shall be "Share"). The company's authorized shares shall be 8,000 ("Authorized Shares"). AB shall subscribe for 1,200 Shares for ¥60,000,000. US shall subscribe for 800 Shares for ¥40,000,000.

**1.3** During the term of this Agreement and without the prior written consent of the other Party, neither Party shall sell, give, pledge, encumber or otherwise transfer any shares of the Company. In the absence of such consent, the proposed transferor shall give notice in writing to the Company and the Party that it has the intent to transfer the same. Such notice shall include the number of the Shares to be transferred, transfer price of the Shares and other terms and conditions of the sale. The other Party has the first refusal right, but not as an obligation, to purchase such Shares at the same terms and conditions. In the event the other Party does not exercise its first refusal right, the Parties shall refer to arbitration as provided in Article 8.7.

## 2. Business of the Company

US shall grant to the Company, during the term of this Agreement, the exclusive license to manufacture, sell and distribute the Products in the Territory under the brand name of LEX. The key terms and conditions of such license shall be specified in Attachment B. AB shall manufacturer the Products for the Company at the AB factory. The key terms and conditions of manufacturing of Products shall be specified in Attachment C. During the term of this Agreement, US shall not: (i) sell directly or indirectly the Products to the Territory; (ii) appoint anyone to manufacture and/or sell the Products in the Territory; or (iii) sell the Products to anybody knowingly that they will resell into the Territory.

## 3. Capital Increase, Funds, Accounting

**3.1** The Parties shall subscribe and pay for the new shares up to Authorized Shares in proportion to the then shareholding ratio in accordance with the decision by the Meeting of Directors.

**3.2** Subject to Article 3.1, issuance of any new shares in the capital of the Company shall be approved at the Meeting of Shareholders and to be offered for subscription to the Shareholders whose names are described in the Shareholder Name of the Company at the date of the offer in proportion to the number of shares held by each of them respectively. Any shares remaining unsubscribed by any shareholders may be offered to the other shareholders who have accepted their offer in full, and if there is more than one shareholder, in proportion to the number of shares then held by them. Neither party hereto shall be obliged to subscribe such new shares.

**3.3** In case the funds of the Company are insufficient and the Company cannot secure funds from the bank, AB and US shall provide the guarantee to the bank in proportion to the shareholding ratio (not jointly). The Company shall end its fiscal year on December 31. Each Party has full access at all reasonable times in a manner so as not to interfere with the normal business operations of the Company, to all premises, properties, personnel, books, records, and contracts of the Company.

## 4. Meetings of Shareholders

Subject to the provisions of applicable law, the Company shall hold a general Meeting of Shareholders (a "General Meeting") in each year within three months after the end of the fiscal years. An extraordinary General Meeting may be convened by the resolution of the Meeting of the Board of Directors or as provided by applicable law.

## 5. Meeting of the Board of Directors

**5.1** The Meeting of the Board of Directors shall consist of five members of the directors of whom AB shall nominate three and US shall nominate two. Each of the Parties agrees to vote each share of the Shares owned by it in favor of the persons nominated by the other Party to be the member of Board of Directors at each General Meeting. Upon the request of either Party, the other Party agrees to vote each share of the Shares in favor of the removal of any one or more members of the Meeting of the Board of Directors initially nominated by the Party making such request.

**5.2** The Meeting of the Board of Directors shall be held every three months each year, or at such other times as the Parties may agree. At any meeting, a quorum shall require at least one (1) member appointed by each Party. A meeting shall be duly convened if convened by the chairman or any one of members of the Meeting of the Board of Directors. All Meeting of the Board of Directors shall be convened upon at least five (5) business day's prior written notice (or upon such lesser period of time as the members shall unanimously agree in writing from time to time) to the Parties and all members, and shall be held at the headquarter of the Company, or any other location approved by the Meeting of the Board of Directors. All additional procedures applicable to the Meeting of the Board of Directors shall be detailed in the Articles of Association.

**5.3** Except as otherwise set forth in Section 5.4 or in the Articles of Association, all actions taken by the Meeting of the Board of Directors shall require the vote of a majority of the members present at a duly constituted Meeting of the Board of Directors.

**5.4** Any action taken with respect to any of the following matters shall require the unanimous affirmative vote of the members present at a duly constituted meeting of the Meeting of the Board of Directors:

(a) Any amendment to the Articles of Association;

(b) Corporate restructure, such as winding - up, liquidation of the Company, or merger;

(c) The sale, transfer or disposal of all or any significant assets of the Company, a value equal to or greater than ¥20,000,000;

(d) Increase or decrease of Authorized Shares of the Company;

(e) Entering into significant Contracts; or

(f) Any declaration of dividends.

## 6. Representations and Warranties

**6.1** Each Party represents and warrants to the other Party as follows:

(a) Organization. The Party is a corporation duly organized and validly existing under the laws of the jurisdiction of its incorporation.

(b) Authorization and Consents. The Party has full corporate power and authority to execute and deliver this Agreement. No consent, approval, waiver or authorization is required to be obtained by the Party from, and no notice or filing is required to be given by the Party to or made by the Party with, any federal, state, local or other governmental authority or other person in connection with the execution, delivery and performance by the Party of this Agreement.

(c) Binding Effect. This Agreement constitutes a valid and legally binding obligations of the Party enforceable in accordance with their respective terms.

(d) No Default. The Party is not in violation of any statute, law, rule or regulation that materially affects or might materially affect the Party's ability to perform its obligations under this Agreement. The Party is not subject to any judgment, order, writ, injunction, decree or award issued by any governmental authority or arbitral body relating to it, or to its property, business or operations, that affects or might affect the Party's ability to perform its obligations under this Agreement.

(e) Litigation. There are no claims, actions, suits, investigations or proceedings pending or, to the best of the Party's knowledge, threatened against the Party, at law or in equity, or before or by any governmental authority or arbitral body, which if determined adversely would have a material adverse effect on the Party's ability to perform its obligations under this Agreement.

(f) No finder's fee. There are no finder's fee to be paid in relation to this Agreement.

**6.2** The representations and warranties of AB and US made in this Agreement shall survive for a period of one (1) year subsequent to the date of this Agreement.

## 7. Defaults, Remedies

**7.1** Defaults.

Either Party may terminate this Agreement in the event the other Party:

(i) commits a material breach of this Agreement to which it is a party, and such Party fails to remedy the same within sixty (60) days after delivery of the notice in writing by the Non-Defaulting Party of the occurrence or existence of such breach; or

(ii) applies for or consent to the appointment of a receiver, trustee or liquidator for substantially all of its assets or such a receiver, trustee or liquidator shall be appointed, or such Party shall have filed against it an involuntary petition of bankruptcy or shall file a voluntary petition of bankruptcy, or a petition or answer seeking reorganization, or an arrangement with creditors, or shall seek to take advantage of any other law relating to relief of debtors, or shall make an assignment for the benefit of creditors.

7.2 Dissolution. A Non-Defaulting Party shall have the right, within sixty (60) days after the occurrence of a Default, by written notice to the other Party, to elect to cause the dissolution and liquidation of the Company, in which case this Agreement shall be terminated and the Company shall be liquidated and dissolved in accordance with applicable law. The Parties shall take, and shall cause the Company and their nominees to the Meeting of the Board of Directors to take, all actions necessary to effect such dissolution and liquidation.

7.3 Discontinuation. In the event that the cumulative loss of the Company exceeds an amount equivalent to the issued share capital shown on the balance sheet of the Company and in the event that the Party determines to the discontinuation of the business of the Company as a result of the review, the Party shall cause the Company to be wound up and liquidate its assets in accordance with the law and rules in Japan applicable to such wound up and liquidation.

## 8. Miscellaneous

8.1 Amendments. This Agreement may not be amended, supplemented, modified or waived except by an instrument in writing signed by AB and US.

8.2 Waiver. No failure to exercise and no delay in exercising, on the part of either Party, any right, remedy or privilege hereunder shall operate as a waiver thereof.

8.3 No Assignment. Each Party agrees that it shall not assign, sell, transfer, delegate, or otherwise dispose of, whether voluntarily or involuntarily, any right or obligation under this Agreement. Any purported assignment, transfer, or delegation in violation of this Section 8.3 shall be null and void.

8.4 Notices. All notices required or permitted under this Agreement shall be in writing in the English language and shall be deemed given when sent by registered mail, postage prepaid.

8.5 Governing Law. This Agreement shall be governed by, and construed and interpreted in accordance with, the laws of _____, without giving effect to conflicts of law rules.

**8.6** Entire Agreement. This Agreement contains the entire agreement between the Parties hereto and no prior promises, agreements or warranties, written or verbal, shall be of any force or effect unless otherwise embodied herein.

**8.7** Dispute Resolution. All disputes, controversies or differences which may arise between the parties hereto in relation to this Agreement shall be settled by an arbitration held in Tokyo pursuant to the rules of ICC in English. Judgment upon the arbitral award may be entered in any court having jurisdiction over the parties or their assets. No Party shall take any dispute or claim subject to arbitration hereunder to any court until any arbitration decision has been made, except that any Party shall have the right to initiate any legal action for provisional relief pending final settlement by arbitration.

IN WITNESS WHEREOF, the Parties hereto have caused this Agreement in two (2) original copies to be duly executed by their representatives on the day and year first above written.

AB Corporation                    XYUS Corporation

By : _____            By : _____
Name _____            Name _____
Title _____           Title _____

Attachment A

1) LEX Products description
2) Territory Description

　　Name of Countries :

Attachment B

Key terms and conditions of license

Attachment C

Key terms and conditions of manufacturing of Products

# 第6章
# Termination Agreement
## 解除契約

## 6.1 Termination Agreement とは

　Termination Agreement とは，既存の契約を終了させる契約である。なお，日本法において，解除と解約は区別される。解除は，既存の契約関係を当初にさかのぼって解消することを意味し，遡及効があり契約関係は当初から存在しなかったことになり，相手方に対し，契約締結前の状態に戻すべき原状回復義務を負う。一方，解約も契約関係を解消することを指すが現存する契約関係を将来に向けて終了させる当事者の一方の意思表示である「解約告知」を意味し，遡及効がない。

## 6.2 契約にあたっての検討事項

### 6.2.1 「将来に向けて」という文言

　日本の解除契約では，「将来に向けて」という文言が入ることが多い。遡及効があると考えられる契約では，遡及効を否定する合意であり，解除の対象となる契約関係を当初にさかのぼって解消させる遡及効がないと考えられる契約では，遡及効がないことを明示的に確認する文言である。売買で一回の契約関係であれば，遡及効が生じても特段の不都合はないが，継続的契約では，遡及効を生じさせると不都合が生じる。雇用関係では，従業員としての立場で行った効力が問題になり，賃貸借関係でいえば，借主の占有がすべて不法占有ということになる。民法でも賃貸借契約の解除は「将来に向かってのみその効力を生じる」と規定され（民法620条），雇用，委任契約等にも明文で準用されている（同法630条，

652条)。遡及効のある解除と区別して解約という文言を用いるのが一般的である。なお，民法の法文上や実務上は，必ずしも「解除」と「解約」が使い分けられているわけではなく，解約という文言を用いても間違いというわけではない。

### 6.2.2 解除の日付

解除の時点をいつにするか，解除原因，債務不履行解除の場合は催告の要否を明確にしておくことが重要である。

### 6.2.3 政府許可

国際合弁契約のように設立にあたり政府許可があった契約においては，当事者合意だけでなく契約解除について政府許可が必要とされるため，契約解除の効力発生要件を政府許可とする必要がある。

### 6.2.4 契約解除が制限される場合

代理店保護法が制定されている国においては，契約解除が法律上認められないとして，契約解除をもちかけても法律上認められないと主張されることが考えられる。契約期間によって異なる事前通知期間や補償金が定められている国（例えばベルギー）や重要な正当事由が解除に必要とされる国がある（例えばUAE）。

### 6.2.5 契約解除に伴う違約金の有無，債権債務がないことの確認

契約解除にあたって，原契約の種類によって条件を検討する。例えば，モデル契約はDistributor Agreementを解除するものであり，最低販売保証の未達成などによる違約金といった金銭支払がなされるかについて確認する。列挙された例外的支払条項を除き債権債務関係がないことを確認する。さらに，契約解除に伴う損害賠償請求を行わないことなどを確認する。

## 6.3 英文モデル契約書の解説

- 前文

本モデル契約書は，Distributor Agreementを解除するものである。

- 1条（解除合意）

原契約を合意された解除日に解除することに合意する。

- 2条（債務不存在の確認）

原契約に基づく債務がないことを確認する。ただし，原契約に基づく売買代金の支払は除かれるものとしている。

- 3条（存続条項の確認）

原契約に規定する存続条項の確認を行う。ここではたまたま例として原契約9.3条としているが，原契約の種類によって必要となる条項が異なる。例えば，Distributor Agreementであれば在庫販売を一定期間認めるか，在庫についての保証期間や代理店表示をどうするかといった内容である。また，解除日まで契約通りに注文することが可能かを確認しておく。

- 4条（追加必要事項の実施）

原契約解除に伴って必要な事項を行うことを取り決める。なお，本条の規定では，相手方が合理的に要求するというものであるが，実際広範囲に要求される可能性があるので，規定できるものについてはできるだけ条文に記載すべきである。

- 5条（保証と表明）

取締役会決議を取得していること，政府許可があること，弁護士といった専門家によってレビューを受けていることについて，保証と表明を行う。なお，政府許可は適用する法律に基づくものであるが，第8条における準拠法とは異なり，本件契約を締結する際あるいは終了する際にあたり適用される法（通常は現地法）に基づく。

- 6条（秘密保持）

一般的な秘密保持条項である。本契約の条項についても秘密情報としている。

- 7条（完全合意）

本契約で定めた事項以外の合意等を無効にする完全合意条項である。

- 8条（準拠法）

準拠法についての規定である。原契約の準拠法と同じにすることが望ましい。

# TERMINATION AGREEMENT

This TERMINATION AGREEENT (this "Agreement") is made and entered into as of this _____ day of _____, 2024, by and between Distributors, Inc., a New York corporation ("Distributor") and ABC Corporation, a Japanese corporation ("ABC").

WHEREAS, Distributor and ABC entered into the certain Distributor Agreement (the "Original Agreement") dated _____ of _____, 2019 concerning the import of Products (as defined in the Original Agreement); and

WHEREAS, Distributor and ABC agree to terminate the Original Agreement.

WHEREIN, the parties agree as follows.

1. Distributor and ABC agree to terminate the Original Agreement effective _____, 2024 (the "Termination Date").

2. Distributor and ABC will release and forever discharge the other party from any and all claims, demands, and liabilities arising out of the termination of the Original Agreement on condition that Distributor has fully performed its obligation to pay the purchase money of the Products in accordance with the provisions of the Original Agreement.

3. This Agreement is subject to survival of those terms expressly identified in 9.3 of the Original Agreement defining the obligations after the termination of the Original Agreement.

4. Distributor and ABC will take such further actions as may be reasonably requested by the other party in order to facilitate the performance of this Agreement.

5. Distributor and ABC represents and warrants that: the board of directors of each company has approved to enter into this Agreement, it has obtained the government approval, if required pursuant to the applicable law, to enter this Agreement, and it has been represented by the legal counsel of its own and has executed this Agreement with the advice of such legal counsel.

6. Neither party shall disclose the existence of this Agreement and the terms hereof without the prior written approval from the other party nor make the public statement except: (i) as may be required by law or court order, or (ii) on a need to know basis employees, consultants, counsel, tax advisors, accountants of the party.

7. This Agreement is the entire agreement between the parties regarding the subject matter contained

第6章 Termination Agreement 解除契約

herein and supersedes all prior proposals, agreements, or other communications between the parties, oral or written, regarding the subject matter contained herein.

8. This Agreement shall be governed by the laws of Japan.

IN WITNESS WHEREOF, the parties hereto have executed this Agreement in duplicate on the day and year first written.

Distributors, Inc.                                    ABC Corporation

By : _____                          By : _____

Name : _____                          Name : _____

Title : _____                          Title : _____

*223*

## 契約解除確認書（日本語参考訳）

本契約解除確認書（「本契約」）は，NY 州法人 Distributors, Inc.（「Distributor」）と日本法人 ABC Corporation（「ABC」）との間で 2024 年　　月　　日に締結された。

前文
Distributor と ABC は，契約製品（原契約に規定）を輸入することに関して，2019 年 ＿＿ 月 ＿＿ 日に締結された代理店契約（以下「原契約」）を締結した。

Distributor と ABC は，原契約を解除することに同意する。

当事者は以下の通り合意した。

1．Distributor と ABC は，原契約を 2024 年 ＿＿＿ 付で解除することに同意する。

2．Distributor と ABC は，原契約解除に伴って，他の当事者をいかなるかつすべての請求，責任から解放し永遠に免除する，ただし Distributor が原契約の規定に基づいて本商品の売買代金を支払う義務を完全に履行することを条件とする。

3．Distributor と ABC は，原契約解除に伴って，原契約 9.3 条に定める契約解除後の規定を遵守する。

4．Distributor と ABC は，本契約の履行を行うために相手方から合理的に要求されたさらなる事項を実施する。

5．Distributor と ABC は，以下の事項について表明並びに保証を行う：それぞれの会社が本契約を締結することにつき承認したこと，もし適用法により必要があれば本契約を締結するための政府許可を取得したこと，自己の法的代理人によって代理され，本契約について当該法的代理人の助言によって締結したこと。

6．いずれの当事者も本契約の存在並びに条件について，他者の書面による同意がない限り開示し，あるいは公に発表しないものとする，しかし (i) 法律あるいは裁判所の命令による場合，あるいは (ii) 知る必要のある社員，コンサルタント，弁護士，税務アドバイザーあるいは会計士に開示することを除くものとする。

7．本契約は本項に関わる当事者間の完全合意を構成し，本契約に関連するすべての当事者間の提案，合意，交信について口頭あるいは書面であろうとこれにとって代わるものとする。

8．本契約の準拠法は日本法とする。

本契約成立の証として本書2通を上記年月日に作成した。

# 第7章
# Settlement Agreement
## 和解契約

## 7.1 Settlement Agreement とは

　和解には，私法上（裁判外）の和解と裁判上の和解が存在するが，Settlement Agreement は前者を目的として締結される契約である。

　紛争当事者間において訴訟となり，かかる当事者間で判決による決着を選択せず，双方が互譲し，和解によって当該紛争を終結させる場合，裁判官による適切な和解への指揮が得られること，当該和解調書には確定判決と同一の効力が付与される（民事訴訟法267条）こと等の理由から，裁判手続内での和解，すなわち，裁判上の和解が選択されるのが通常である。

　しかしながら，第Ⅰ部において記された国際知的財産紛争のような場合，関係している当事者が国内だけではなく，国外にも存在すること，紛争解決の目的となる事項が係属している眼前の訴訟だけにとどまらないことなどの理由で，現に係属している訴訟内において，当該訴訟当事者間のみで和解をしたのでは関係当事者間におけるすべての紛争を解決できない場合が多い。

　もちろん，裁判上の和解においても，当該訴訟における請求以外の問題や，訴訟当事者以外の第三者を含めて和解条項を決定することも可能であるが，現実問題としては，裁判外の者，特に国外の者を含め，すべての問題について包括的に裁判上の和解をすることは困難である場合が多い。

　そこで，国際知的財産紛争の場合には，裁判内外の関係者が，存在している問題を裁判外で解決すべく，Settlement Agreement が締結されることがある。

　本章では，日本国内において特許権を有する日本法人が，外国法人の日本子会社に対し，当該子会社の製品販売行為が前記日本法人の特許権を侵害するとし

て，特許侵害訴訟を提起した。その対抗策として前記外国法人が，前記日本法人に対し，かかる日本法人の特許無効を主張して，特許庁に無効審判を提起した場合を想定し，これら複数国の当事者間に存在する紛争を一挙解決するためのSettlement Agreement について検討する。

## 7.2 契約にあたっての検討事項

本稿で検討する Settlement Agreement は，現に係属している訴訟等を裁判所外における合意によって終結させ，紛争を一括して解決することを主眼としているので，第一には，係属している訴訟，無効審判等を，誰が，どのようなタイミングで取り下げ，それについて誰が費用負担するかなどの手続面を，明確に規定しておく必要がある。

また，本稿における例のように，特許権の被擬侵害者側が特許権侵害を認めることを前提として和解契約が締結される場合には，当該特許権侵害の問題を解決するために必要な条項（ライセンス条項等）について規定しておくことも重要である。

## 7.3 英文モデル契約書の解説

- 契約当事者

本契約は，日本法人である XXX Corporation（以下，「XXX」という），アメリカ合衆国法人である YYY Corporation（以下，「YYY-USA」という），および，日本法人であり YYY-USA の子会社である YYY Japan Corporation（以下，「YYY-JPN」という）との間の三者間契約である。

- 前　文

前文では，本契約に至る経緯を簡単に記載している。すなわち，XXX が日本における特許権を有しており，これに基づき，YYY-JPN を特許権侵害で日本において提訴したところ，その対抗策として，YYY-JPN の親会社たる YYY-USA が上記特許権の無効を主張して，特許庁に無効審判を提起した。その後，YYY（YYY-USA と YYY-JPN の両者を併せたもの）が自らの特許権侵害と，当

*227*

該特許の有効性を認めている。
- 1条

顕在化している訴訟，無効審判の手続について，いつ，誰が，誰の費用負担によって，かかる手続を終結させるかについて規定している。
- 2条

本契約では，被擬侵害者側であるYYYが特許権侵害を認めることを前提として締結されたものであるので，7.2で述べたとおり，単に訴訟等の法的手続終結のための規定のみならず，当該特許権侵害の問題を解決すべく，YYYがXXXに対していかなる義務を負うのかについても規定している。かかる規定に用いられる用語を定義する条項が本項である。
- 3条

前文で述べられた特許権侵害に対し，本契約締結以後は，XXXがYYYに当該特許権使用を許諾するライセンスが付与され，YYYはXXXに対しライセンス料を支払う義務があることが規定されている。
- 4条

上記特許権侵害に関して，YYY等による本契約締結以前の特許権侵害については，YYYがXXXに対して一括して金銭を支払うことによって，当該特許権侵害についての責任を免除する旨が規定されている。
- 5条～8条

契約の有効期間，契約の終了，準拠法，紛争解決手段についての規定であり，通常の契約で用いられるものと同様であるため，割愛する。
- 9条

秘密保持条項である。本契約は，特許権侵害の事実があり，特許が有効であることを前提としたものである。特に被擬侵害者（被告）側は当該和解条項が第三者に開示されることを好まず，本条項のような秘密保持条項を規定し，和解が成立したという事実以外，その内容については秘密にすることを望むことが多いが，特許権者（原告）側としては，ライセンスの料率を他者に知られたくないなどの事情がない限り，かかる条項を入れる必要性はそれほどない。

## SETTLEMENT AGREEMENT

This Settlement Agreement ("Agreement") is made and entered into as of _____, 2008 (the "Effective Date")

by and between

XXX Corporation, a Japanese corporation, having a place of business at _____, Japan ("XXX"),

YYY Corporation, a USA corporation, having a place of business at _____, U.S.A. ("YYY-USA"),

and

YYY Japan Corporation, a Japanese corporation, having a place of business at _____, Japan ("YYY-JPN", YYY-USA and YYY-JPN collectively reffered as "YYY").

## PREAMBLE

(1)　XXX is the owner of a Japanese patent (Japanese Patent Number 9,999,999 ("'999 Patent")) entitled "AAA".

(2)　YYY-USA produces _____ products ("Products").

(3)　XXX commenced a patent infringement action (H20 (WA) xxxxx, the "Japanese Action") against YYY-JPN, under the '999 Patent in the Tokyo District Court, No.X Civil Department, Tokyo, Japan, claiming that the sale, in Japan, of Products by YYY-JPN infringes the '999 Patent. YYY-JPN asserted that the sale of its Products in Japan by YYY-JPN does not infringe the '999 Patent. YYY-USA also commenced an invalidity action (No.xx-xxxx, the "Japanese Invalidity Action") against XXX in the Japanese Patent Office, to have the '999 Patent declared invalid.

(4)　YYY acknowledges that Products is covered by the '999 Patent and acknowledge the existence and the validity of the '999 Patent.

All parties have agreed to settle all outstanding disputes relating to the legal actions referred to in clause (3) of the Preamble, the '999 Patent and future sales in Japan by YYY of its products.

To achieve these goals the parties agree as follows.

## 1. Settlement of Litigation

a) When this Agreement has been signed by the parties, XXX and YYY shall forthwith take the steps necessary to terminate the Japanese Action and the Japanese Invalidity Action, as further described below.

b) XXX shall withdraw the pending infringement claims in the Japanese Action before the Tokyo District Court and shall terminate the Japanese Action. YYY-JPN shall consent to the withdrawal and file no application for costs. Each party shall carry their own lawyer's and patent attorney's fee and any other incurred in connection therewith,

c) YYY-USA shall withdraw and terminate the pending the Japanese Invalidity Action and shall file no application for costs. Each party shall carry their own lawyer's and patent attorney's fee and any other incurred in connection therewith.

## 2. Definitions

a) "Licensed Products" shall mean any products made, used or sold by YYY, which would infringe one or more claims of the '999 Patent.

b) "Net Selling Price" shall mean the gross sales in a bona fide, arms length transaction to non-related companies, less packing, shipping, excise taxes, and customs duties.

## 3. License from XXX to YYY

a) XXX grants to YYY a non-exclusive license, under the '999 Patent to make, have made, use and sell Licensed Products in Japan. The licenses granted herein shall extend to each subsidiary, customer, direct or indirect, or subsequent user of Licensed Products sold by YYY under the license granted herein.

b) Beginning the Effective Date, YYY-JPN for YYY shall pay to XXX a royalty of _____% of YYY's Net Selling Price of the Licensed Products made by YYY-USA and sold by YYY-JPN in Japan.

c) During the Term of this Agreement, YYY-JPN shall semi-annually send to XXX a report. Each such report shall be sent within thirty (30) days following the end of each calendar semi-annual period. Any royalty payable shall be paid at the time each such report is sent.

## 4. Lump Sum and Release

YYY-JPN for YYY shall pay to XXX _____ US dollars ($ _____). XXX release YYY, its officers, agents, employees, subsidiaries, customers, direct and indirect, and subsequent users from any claims for alleged patent infringement (a) which are based on acts occurring prior to the Effective Date and (b) which relate to activities of YYY or its customers involving the manufacture, use or sale of the Licensed Products.

## 5. Term of the License from XXX to YYY

The term of this Agreement shall extend from the Effective Date to the date of expiration of the '999 Patent.

## 6. Termination

In the event of non-compliance by either of the parties with one or more of its obligations, this Agreement may be terminated at the choice of non-defaulting party, effective upon sixty (60) days prior written notice, provided however that notice and termination shall not be effective if the breach is cured during said sixty (60) days period. XXX may terminate this Agreement, with thirty (30) days prior written notice, if YYY commences a proceeding to contest the validity of the '999 Patent.

## 7. Choice of Law

This Agreement shall be governed by the law of Japan in all respects of validity, construction and performance thereof.

## 8. Dispute Resolution

All disputes, controversies, or differences which may arise between the parties, out of or in relation to or in connection with this Agreement, shall be finally settled by arbitration in Tokyo, Japan in accordance with the Commercial Arbitration Rule of the Japan Commercial Arbitration Association.

## 9. Confidentiality

The parties shall treat the contents of this Agreement as strictly confidential. The contents of this Agreement shall not be disclosed to any third party without the prior written consent between XXX and YYY.

IN WITNESS WHEREOF, the parties have caused this Agreement to be signed by their duly authorized representatives.

   XXX Corporation
   By

   YYY corporation
   By

   YYY Japan Corporation
   By

## 和解契約書

　本契約は，2008年　月　日（以下「発効日」という），日本国_____に営業所を有する日本法人，XXX株式会社（以下「甲」という）と，アメリカ合衆国_____に営業所を有するアメリカ合衆国法人，YYY Corporation（以下「乙」という）と，日本国_____に営業所を有する日本法人，YYY日本株式会社（以下「丙」といい，乙と丙を併せて「乙ら」という）との間で締結された。

## 前　文

(1) 甲は，発明の名称を「AAA」とする日本国特許権（特許第9,999,999号，以下「'999特許」という）の所有者である。
(2) 乙は，_____という製品（以下「本件製品」という）を製造している。
(3) 甲は，日本において丙が本件製品を販売する行為が'999特許を侵害するとして，丙に対し，'999特許に基づき，東京地方裁判所民事X部に特許侵害訴訟を提起した（平成20（ワ）xxxxx号事件，以下「本件訴訟」という）。丙は，丙による本件製品の日本における販売は'999特許を侵害するものではないと主張している。乙もまた，'999特許が無効であることを示すために，日本特許庁に甲を相手方として無効審判を提起した（無効xx-xxxx号事件，以下「本件無効審判」という）。
(4) 乙らは，本件製品が'999特許の技術的範囲に属し，'999特許が有効であることを認める。

　全当事者は，前文第3項において言及されている法的手続，'999特許及び乙らによる日本における将来の製品販売に関して顕在化しているすべての紛争について和解することに合意する。

　これらの目的に達するために，本件当事者は以下のとおり合意する。


## 第1条（訴訟に関する和解）

a) 本契約が当事者によって締結されたとき，甲と乙らは，下記に詳述するとおり，本件訴訟と本件無効審判を終結させるのに必要な手段を速やかに講ずるものとする。
b) 甲は東京地方裁判所で，本件訴訟において審理中の特許侵害の主張を取り下げ，本件訴訟を終結させなければならない。丙はかかる取り下げに同意し，訴訟費用の裁判を提起してはならない。弁護士費用，弁理士費用，その他本件訴訟に関する費用は各当事者の負担とする。
c) 乙は，審理中の本件無効審判を取り下げて終結させ，費用負担の申立をしてはならない。弁護士費用，弁理士費用，その他本件無効審判に関する費用は各当事者の負担とする。

## 第2条（定義）

a)　「許諾製品」とは，乙らによって製造，販売，又は使用された製品のうち，'999特許のいずれかの請求項に抵触しうるものをいう。

b)　「合計販売価格」とは，非関連会社との誠実，対等な取引での総販売額から，梱包料，配送料，物品税及び関税を控除したものをいう。

## 第3条（ライセンス）

a)　甲は，'999特許の下で乙らが，日本において許諾製品を製造，使用，及び販売することのできる非排他的な実施権を許諾する。本契約によって許諾された実施権は，各子会社，顧客，乙らによって販売された許諾製品の直接的，間接的，又は実質的使用者の範囲まで拡張されるものとする。

b)　発効日から，丙は，乙らのために，乙によって製造され，丙によって日本において販売された許諾製品について，乙らの合計販売価格の____％のロイヤルティを甲に支払うものとする。

c)　本契約の期間中，丙は半期ごとに甲に報告書を送らなければならない。かかる報告書は，各半期の終了後，30日以内に送らなければならない。支払うべきロイヤルティは，各報告書が送られるときに支払わなければならない。

## 第4条（一時金，免除）

丙は，乙らのために，甲に対して_____USドルを支払うものとする。甲は，乙ら，その役員，代理人，従業員，子会社，顧客，直接的，間接的，又は実質的な利用者に対して，(a)発効日以前に行った行為に基づく，(b)許諾製品の製造，使用又は販売を含む，乙ら又はその顧客の行為に関連する被疑特許侵害行為に対するいかなる請求をも免除する。

## 第5条（ライセンス期間）

本契約の有効期間は，発行日から，'999特許の権利消滅日までとする。

## 第6条（契約の終了）

当事者のいずれかが，本契約に基づく義務の1つ又はそれ以上に違反した場合には，義務に違反していない当事者がその選択によって書面の事前通知をすることにより，その通知後60日で本契

約を終了させることができる。ただし，当該違反が前記60日の期間内に治癒された場合には，当該通知ないし契約の終了は効力を有さないものとする。

甲は，乙らが'999特許の有効性について争う手続を開始した場合には，30日前の事前の通知により，本契約を終了させることができる。

## 第7条

本契約は，有効性，解釈および履行に関するすべての事項について，日本法に準拠する。

## 第8条

本契約から，又は関連して当事者間に生ずるすべての紛争，論争，又は不一致は，最終的に，日本商事仲裁協会の商事仲裁規則に基づき，日本国東京における仲裁によって解決するものとする。

## 第9条

当事者は，本契約の内容を厳格に秘密のものとして取り扱わなければならない。本契約の内容に関しては，甲と乙らとの間の事前の書面による合意がない限り，第三者に開示してはならない。

上記契約の証として，本契約書を3通作成し，各当事者署名あるいは記名捺印の上，各自1通を保有するものとする。

　　　　　　　（甲）住所
　　　　　　　　　　氏名

　　　　　　　（乙）住所
　　　　　　　　　　氏名

　　　　　　　（丙）住所
　　　　　　　　　　氏名

■■■■■■■■ 著者略歴 ■■■■■■■■

【編者】

吉川 達夫（第Ⅲ部序章，1章，2章，4章，5章，6章担当）NY 州弁護士，駒澤大学法科大学院，国士舘大学 21 世紀アジア学部非常勤講師，米国 IT 企業日本法人 Legal Director，元 WeWork Japan Regional General Counsel，元 VMware 株式会社法務本部長，元 Apple Japan 合同会社法務本部長（日本，韓国），元伊藤忠商事株式会社法務部，元 Temple Law School Visiting Professor, Georgetown Univ. Law School 卒

主要編書：『実務がわかるハンドブック 契約法務・トラブル対応の基本』［国内契約書編］／［英文契約書編］『ハンドブック アメリカ・ビジネス法 第 2 版』『実務がわかるハンドブック企業法務［改訂第 3 版］』『ライセンス契約のすべて 改訂版（改正民法対応）』（基礎編）／（実務応用編）『これ 1 冊でわかる 会社運営と書式対応の基本』（第一法規），『ダウンロードできる英文契約書の作成実務』（中央経済社）他

--------

【著者】（担当章順）

佐々木 久雄（第Ⅰ部 1 章担当）元帝人株式会社 常務理事・法務室長，元日商岩井（現双日）株式会社法務部，同米国子会社及びブラジル子会社駐在，University of London, King's College LLM 留学

浦野 祐介（第Ⅰ部 2 章担当）弁護士 西村あさひ法律事務所ニューヨーク事務所，慶應義塾大学法学部卒，New York University 卒（LL.M., Advanced Professional Certificate in Law & Business）

主要著書：『クラウド時代の法律実務』（商事法務；共著）他

http://www.jurists.co.jp/ja/

森下 賢樹（第Ⅰ部 3 章担当）弁理士 プライムワークス国際特許事務所代表，京都大学理学部物理学科卒

主要編書：『ライセンス契約のすべて 改訂版（改正民法対応）』（基礎編）／（実務応用編）（第一法規），『ケースブック アメリカ法概説』（レクシスネクシス・ジャパン），『知的財産のビジネストラブル Q&A』（中央経済社）

http://www.primeworks-ip.com/

小原 英志（第Ⅰ部 4 章 4.1.1・4.1.4 担当）弁護士・ニューヨーク州弁護士 西村あさひ法律事務所（バンコク事務所代表），上智大学法学部国際関係法学科卒，The University of Michigan Law School 卒

主要著書：『資産・債権の流動化・証券化 第 4 版』（金融財政事情研究会；共著），『タイのビジネス法務』（有斐閣；共著）他

下向 智子（第Ⅰ部 4 章 4.1.1・4.1.4 担当）弁護士・ニューヨーク州弁護士 西村あさひ法律事務所（バンコク事務所），京都大学法学部卒，The University of Michigan Law School 卒，早稲田大学法科大学院修了

主要著書:『資産・債権の流動化・証券化 第4版』(金融財政事情研究会;共著),『タイのビジネス法務』(有斐閣;共著) 他

藤本　豪　(第Ⅰ部4章4.1.2担当) 弁護士・ニューヨーク州弁護士・カリフォルニア州弁護士 (インアクティブ) 渥美坂井法律事務所・外国法共同事業, 東京大学法学部卒, The University of Pennsylvania Law School 卒
主要著書:『中国ビジネス法体系—部門別・場面別』(日本評論社)

山中　政人　(第Ⅰ部4章4.1.3担当) 弁護士・シンガポール外国法弁護士 西村あさひ法律事務所 (シンガポール事務所共同代表), 慶應義塾大学法学部卒
主要著書:『シンガポールの会計・税務・法務Q&A [第4版]』(税務経理協会;共著),『新株発行・自己株処分ハンドブック』(商事法務;共著),『個人情報保護法制大全』(商事法務;共著) 他

伊藤 (荒井) 三奈　(第Ⅰ部4章4.2担当) 外国法事務弁護士,「海外事業戦略・実行支援・法務アドバイザリー」のZENMONDOグループ (ZENMONDO株式会社 代表取締役CEO/ Mina Arai-Ito外国法事務弁護士事務所 所長), 元ベーカー&マッケンジー法律事務所 (外国法共同事業) 中東アフリカグループ代表・創設者
主要著書:『World Legal & Business Guide』(Business Law Journal, レクシスネクシス・ジャパン;共著),『エジプトビジネス法規ガイドブック』(日本貿易振興機構;共著) 他

稲葉　正泰　(第Ⅰ部4章4.2担当) 弁護士 ベーカー&マッケンジー法律事務所 (外国法共同事業) 中東アフリカグループ共同代表

高仲　幸雄　(第Ⅰ部5章担当) 弁護士 中山・男澤法律事務所, 早稲田大学法学部卒
主要著書:『実務家のための労働判例読みこなし術』(労務行政),『図解 人事・労務の基本と実務』(労務行政),『同一労働同一賃金Q&A―ガイドライン・判例から読み解く [第3版]』(経団連出版) 他

山浦　勝男　(第Ⅱ部担当) 一般社団法人 国際商事法研究所 常務理事 株式会社グローリー 法務部顧問, Wake Forest University Law School 卒
主要著書:『ライセンス契約のすべて 改訂版 (改正民法対応)』(実務応用編) (第一法規;共著) 他

宗像　修一郎　(第Ⅲ部3章担当) ニューヨーク州弁護士。都市銀行法務部, 外資系金融機関法務部・コンプライアンス部などを経て, 外資系事業会社リーガルカウンセル。京都大学法学部卒, University of Pennsylvania Law School 修了 (LL.M)
主要著書:『実務がわかるハンドブック企業法務 [改訂第3版]』(第一法規;共著),『これ1冊でわかる 会社運営と書式対応の基本』(第一法規;共著),『国際ビジネス法務 [第2版]』(第一法規;共著) 他

**横井　康真**　（第Ⅲ部7章担当）弁護士　むくの木綜合法律事務所，京都大学工学部卒，元特許庁審査官

**主要著書**：『新会社法Ａ２Ｚ 非公開会社の実務』（第一法規；共著），『知財訴訟の訴状・答弁書の書き方（集約版）』（山の手総合研究所），『Q&A 知的財産トラブル 予防・対応の実務』（新日本法規出版；共著），『企業法務判例 ケーススタディ300 企業取引・知的財産権編』（金融財政事情研究会；共著）

http://www.yokoilaw.com/

---

本書は，出版社，編者，著者個人並びに所属団体の法律意見を構成するものでなく，これらの者は本書に関して生じる一切の責任を負担しません。個別事案は弁護士等にご相談ください。

## 第一法規「読者限定サービス　電子版閲覧サイト」

　本書に掲載のモデル契約書は、読者のみなさまの利便性を考慮して、データでの提供を行っています。下記 URL もしくは QR コードからログインしてご利用ください。

https://skn-cr.d1-law.com/

※ダウンロードは、2029年9月30日までとなります。

本書は、2015年7月10日に第2版第1刷としてレクシスネクシス・ジャパン株式会社より刊行されたものに法改正等にともなう改訂を加え、第3版として発行するものです。

―――――――――― サービス・インフォメーション ――――――――――
――― 通話無料 ―――
①商品に関するご照会・お申込みのご依頼
　　TEL 0120(203)694／FAX 0120(302)640
②ご住所・ご名義等各種変更のご連絡
　　TEL 0120(203)696／FAX 0120(202)974
③請求・お支払いに関するご照会・ご要望
　　TEL 0120(203)695／FAX 0120(202)973

●フリーダイヤル(TEL)の受付時間は、土・日・祝日を除く
　9：00～17：30です。
●FAXは24時間受け付けておりますので、あわせてご利用ください。

国際ビジネス法務〔第3版〕～貿易取引から英文契約書まで～

2024年9月20日　初版発行

編　著　　吉　川　達　夫
発行者　　田　中　英　弥
発行所　　第一法規株式会社
　　　　　〒107-8560　東京都港区南青山2-11-17
　　　　　ホームページ　https://www.daiichihoki.co.jp/

国際ビジ法務3版　ISBN 978-4-474-02215-7　C3032 (2)